I0006355

democratizar los datos

Una guía para empoderar a su organización

Escrito por Alex Brogane
Publicado por Cornell-David Publishing House

Índice

Innovación y Crecimiento
10. El futuro de la democratización de los datos: tendencias y predicciones.

Tendencia 1: uso creciente del aprendizaje automático y la inteligencia artificial

Tendencia 2: alfabetización de datos mejorada

Tendencia 3: Expansión de las herramientas de inteligencia empresarial de autoservicio

Tendencia 4: Gobernanza de datos más sólida

Tendencia 5: democratización de datos basada en la nube

Conclusión

10.1 democratización de los datos: afrontar el futuro de frente

IA y aprendizaje automático: democratizar la toma de decisiones

Aumento de los Lakehouses de datos

Alfabetización de datos: base de la cultura de datos

Tecnología de privacidad: equilibrio entre acceso y privacidad

Centrarse en la gobernanza de datos

El amanecer de las operaciones de datos

Análisis predictivo: transformando la toma de decisiones empresariales

IA democratizada: llevar la inteligencia a las masas

Mejoras en la gobernanza y la privacidad de los datos

Herramientas de datos de autoservicio: el auge de los científicos de datos ciudadanos

Conclusión

democratizar los datos en la era del aprendizaje automático y la inteligencia artificial

La IA y el aprendizaje automático impulsan la democratización de los datos

La visualización de datos avanzada fortalece la democratización de los datos

democratización de datos en la era de la seguridad mejorada

Análisis predictivo y prescriptivo: la próxima frontera

9

Empoderar a las personas para que se conviertan en ciudadanos científicos de datos

Capítulo 10.2: Inteligencia artificial y aprendizaje automático

Sistemas de datos autónomos

Aprendizaje profundo y redes neuronales

Seguridad de datos e IA

Derechos de autor y exenciones de responsabilidad de contenido:

Descargo de responsabilidad financiera

Derechos de autor y otros descargos de responsabilidad:

1. Introducción a la democratización de datos

1.1 Comprender el concepto de democratización de datos

La democratización de datos significa un cambio en el método de gestión y utilización de datos de una organización. El concepto implica que todos, independientemente de su función, tienen acceso a los datos y la capacidad de utilizarlos en su proceso de toma de decisiones. Este paradigma rompe con las prácticas de datos tradicionales donde el acceso a los datos estaba limitado a roles específicos como científicos o analistas de datos.

Para comprender completamente la magnitud y el potencial de la democratización de los datos, es fundamental comprender que los datos no son simplemente información "en bruto" y "sin procesar". En esencia, los datos son un activo estratégico que puede revelar información útil, impulsar la toma de decisiones efectivas y estimular la innovación, lo que fomenta el crecimiento empresarial cuando se analiza de manera efectiva. Por lo tanto, al democratizar los datos, las organizaciones pueden capacitar a sus empleados para que utilicen los datos para tomar decisiones informadas y desarrollar soluciones innovadoras.

1.1.1 Beneficios de la democratización de datos

La democratización de datos ofrece varios beneficios, transformando la forma en que las organizaciones operan y evolucionan. Aquí hay algunos beneficios clave:

- **Toma de decisiones informada:** la democratización de los datos pone a disposición de todos los empleados la información, lo que les permite tomar decisiones basadas en datos, que suelen ser más precisas y eficientes.
- **Innovación:** cuando todos en una organización pueden acceder y comprender los datos, no es sorprendente que comiencen a surgir ideas nuevas y creativas. El libre flujo de información fomenta un caldo de cultivo para la innovación.
- **Empleados empoderados:** la democratización de los datos proporciona una sensación de autonomía a los empleados. Esto puede conducir a un aumento de la responsabilidad, la motivación y la satisfacción laboral.
- **Rendimiento empresarial elevado:** como efecto posterior de una mejor toma de decisiones y la innovación, es probable que mejore el rendimiento general del negocio.

1.1.2 Desafíos para la democratización de los datos

Si bien la democratización de los datos conlleva varios beneficios, también conlleva una buena cantidad de desafíos:

- **Privacidad y seguridad de los datos:** dado que los datos están disponibles para todos los empleados, es vital garantizar que los datos confidenciales no caigan en las manos equivocadas. Es necesario implementar protecciones para proteger los datos de modo que, si bien sean accesibles, también estén protegidos.

- **Conocimiento de datos:** no todos los empleados necesariamente tendrán las habilidades necesarias para interpretar los datos correctamente. Para evitar interpretaciones erróneas, los empleados deben tener un conocimiento básico de los datos.

1.1.3 Superación de desafíos

Estos desafíos, si bien pueden parecer abrumadores, pueden superarse con las medidas adecuadas:

- **Medidas de seguridad:** implementar políticas de seguridad y gobernanza de datos sólidas puede proteger sus datos y conservar su accesibilidad.

- **Aumento de la alfabetización en datos:** capacitar a los empleados en los conceptos básicos del uso, la interpretación y la seguridad de los datos puede dotarlos de las habilidades necesarias para utilizar eficazmente los datos disponibles.

A medida que avanzamos en los capítulos de este libro, exploramos con mayor detalle las facetas de la democratización de datos antes mencionadas junto con estrategias y herramientas efectivas que pueden acelerar su viaje hacia el logro de la democratización de los datos en su organización.

Al emprender este camino, no solo equipa a su equipo con la capacidad de tomar decisiones informadas, sino que también fomenta una cultura de curiosidad, innovación y compromiso. Sin acceso gratuito a los datos, no se aprovecha todo el potencial del activo más valioso de cualquier organización: su gente. A medida que profundicemos en los siguientes capítulos, recuerde: democratizar los datos; ¡democratizamos el poder!

1.1 Comprender la democratización de los datos

La democratización de los datos, un concepto importante en el entorno empresarial actual, se refiere al proceso en el que hacemos que la información digital sea accesible a usuarios no técnicos ni especializados en una forma comprensible sin necesidad de ayuda externa. Cambia el control de los datos de equipos o individuos específicos, brindando a todos dentro de una organización la capacidad de acceder, compartir y utilizar datos corporativos para impulsar el valor comercial.

1.1.1 La necesidad de democratización de datos

En los modelos de negocio tradicionales, los datos eran gestionados e interpretados principalmente por especialistas en datos o profesionales de TI. Sin embargo, con el auge de los grandes datos y los entornos comerciales cada vez más complejos, esto generó cuellos de botella y obstaculizó la capacidad de la organización para tomar decisiones oportunas e informadas.

La democratización de los datos aborda este problema rompiendo los silos de datos y permitiendo que todos los miembros de la organización accedan a los datos que necesitan. Esta accesibilidad facilita los procesos de toma de decisiones, impulsa la innovación y ayuda a las organizaciones a responder de manera más efectiva a los cambios del mercado.

1.1.2 La esencia de la democratización de los datos

La democratización de datos es la noción de simplificación y accesibilidad. No se trata simplemente de proporcionar acceso a los datos, sino de hacerlos comprensibles para todos. Se trata de eliminar por completo a los guardianes, permitiendo a cada individuo el derecho a acceder a los datos, comprenderlos, participar en la toma de decisiones y, en última instancia, mejorar las operaciones comerciales.

En cierto modo, la democratización de los datos podría ser sinónimo de transparencia. Invita a personas de diversos orígenes a la mesa de toma de decisiones, abogando por la eliminación de limitaciones jerárquicas y alentando a los empleados de todos los niveles a utilizar los datos para su beneficio y el crecimiento de la organización.

1.1.3 Los posibles obstáculos en la democratización de los datos

Si bien los beneficios de la democratización de los datos son inmensos, el proceso también conlleva riesgos y desafíos potenciales. La seguridad y la privacidad de los datos se encuentran entre las principales preocupaciones. Es fundamental garantizar que el proceso de democratización cuente con medidas de seguridad adecuadas para proteger la información confidencial contra el acceso no autorizado, el uso indebido o las infracciones.

La gobernanza de datos es otro desafío importante para las organizaciones. Implica administrar y garantizar la calidad, integridad y seguridad de los datos. Si bien la democratización de los datos tiene que ver con el libre acceso, sin el marco de gobernanza adecuado, los usuarios podrían sacar conclusiones falsas a partir de datos inexactos e incompletos.

1.1.4 El futuro de la democratización de datos

A medida que las organizaciones reconocen cada vez más la importancia de empoderar a sus equipos con datos, el futuro de la democratización de los datos parece vibrante y prometedor. Con tecnologías avanzadas como la IA y el aprendizaje automático, veremos herramientas más sofisticadas para ayudar a los usuarios a interpretar y utilizar los datos de manera significativa.

En el futuro, la democratización de los datos debería ir de la mano de programas de alfabetización en datos. Incluso cuando los datos son fácilmente accesibles, las organizaciones deben asegurarse de que sus miembros tengan las habilidades para interpretar y utilizar los datos correctamente. Al fomentar una cultura basada en datos, las organizaciones pueden aprovechar al máximo los beneficios de la democratización de los datos.

En esencia, la democratización de los datos tiene el potencial de transformar las organizaciones, impulsando un crecimiento significativo, la innovación y la ventaja competitiva. A medida que los datos se conviertan en el nuevo petróleo, la democratización de este activo crítico se convertirá en una estrategia comercial clave para las organizaciones inteligentes en los próximos años.

democratizar los datos: un cambio fundamental hacia el empoderamiento de los datos

A medida que aprovechamos el potencial del big data y el análisis en nuestra economía en rápida evolución, el concepto de "democratización de datos" ha surgido como un cambio pionero en la cultura empresarial y el enfoque operativo. La democratización de los datos puede tener un impacto definitivo en la capacidad de una organización para innovar, tomar decisiones informadas y mantener una ventaja competitiva. Se aleja de un sistema tradicional de acceso a datos jerárquico a un modelo inclusivo moderno donde la disponibilidad del conjunto de datos está generalizada en todos los niveles organizacionales.

Comprender la democratización de los datos

La democratización de los datos significa otorgar acceso y permitir que todos en una organización (independientemente de su rango y estatus jerárquico) utilicen los datos en su proceso de toma de decisiones. Este método fomenta la disponibilidad de datos en todos los niveles, garantizando así que las personas puedan tomar decisiones que se alineen con la visión colectiva y el entendimiento compartido de la organización.

En una versión más simplificada, consideremos la democratización de los datos como "igualdad en la información". Implica que los datos no se limitan a un departamento específico como TI o gestión; en cambio, está disponible para cualquier persona dentro de la organización que pueda analizarlo críticamente y utilizarlo para generar resultados positivos.

La necesidad de democratizar los datos

¿Por qué hay un cambio hacia la democratización de los datos en la actual era empresarial? Anteriormente, los datos se ponían a disposición de los responsables de la toma de decisiones, mientras que otros miembros de la organización permanecían privados de ellos. A medida que los datos aumentan de valor, este enfoque comenzó a crear cuellos de botella y retrasos, lo que obstaculizó la eficiencia operativa y la agilidad organizacional.

Con la democratización de los datos, los datos se convierten en un recurso compartido en toda la organización, eliminando así los silos de datos y promoviendo una fuerza laboral informada y basada en decisiones. Abre la puerta a los conocimientos extraídos del análisis de datos, lo que mejora la toma de decisiones, fomenta y promueve la innovación.

Empoderar a las organizaciones a través de la democratización de datos

El objetivo final de la democratización de los datos es empoderar a cada miembro del equipo y crear un entorno en el que los empleados obtengan una comprensión integral de los procesos comerciales mientras toman decisiones basadas en datos. Un entorno de datos democratizado inspira una fuerza laboral dinámica, fomentando la creatividad, la innovación y la responsabilidad. Una fuerza laboral informada no solo tomaría decisiones sólidas sino que también contribuiría positivamente al logro de los objetivos organizacionales colectivos.

La democratización de los datos impulsa la innovación y ayuda a las organizaciones a adaptarse más rápidamente a los cambios del mercado. Al democratizar los datos, las organizaciones pueden acelerar su capacidad de innovar extrayendo conocimientos valiosos y aplicándolos en la estrategia operativa y la participación del cliente.

Superar desafíos e implementar la democratización de los datos

Si bien el proceso de democratización de los datos puede ser enriquecedor, también presenta desafíos importantes que incluyen la privacidad, la seguridad, el cumplimiento y el mantenimiento de la calidad de los datos. Por lo tanto, al implementar una estrategia de democratización de los datos, resulta vital lograr el equilibrio adecuado entre accesibilidad y gobernanza de los datos.

Varias herramientas y plataformas pueden respaldar la democratización de los datos, a saber, herramientas de inteligencia empresarial (BI) de autoservicio, software de catálogo de datos y herramientas de virtualización de datos. Estas tecnologías no solo brindan acceso a los datos, sino que también garantizan la confiabilidad e integridad de los datos.

Para fomentar una cultura de democratización de datos exitosa, es vital combinar la adopción de tecnología con educación y capacitación continua. Esto permitiría a la fuerza laboral interpretar y aplicar correctamente los conocimientos de los datos en sus respectivas funciones.

democratizar los datos es un viaje, no un destino. Se trata de fomentar un cambio cultural en el que cada individuo, independientemente de su función o rango, tenga acceso a

19

datos. A medida que avanzamos en la era del análisis y la toma de decisiones basada en datos, no se pueden pasar por alto los beneficios potenciales y el impacto positivo en el posicionamiento de una empresa en el mercado. En esencia, una organización que democratice con éxito sus datos no sólo sobrevivirá sino que prosperará en el nuevo orden mundial impulsado por los datos.

1.1 Comprender el concepto de democratización de datos

La democratización de los datos puede parecer un concepto complejo que se relaciona únicamente con los aspectos técnicos de una organización, pero es mucho más simple de lo que parece. Se refiere al proceso en el que todos los individuos de una organización pueden acceder fácilmente a los datos, sin restricciones jerárquicas. Este concepto significa que cualquier individuo, independientemente de su función, tiene acceso a información valiosa y puede utilizarla para tomar decisiones que mejoren la organización. Este enfoque elimina los obstáculos y permite a las personas de todos los niveles de una empresa tomar decisiones basadas en datos.

Para ponerlo en contexto, pensemos en las organizaciones tradicionales donde el acceso a los datos está restringido a unos pocos individuos o equipos, generalmente aquellos que se encuentran en jerarquías de toma de decisiones. Esto crea una barrera para los empleados de niveles inferiores, limitando su capacidad para tomar decisiones informadas. Compare esto con una organización que adopta la democratización de los datos: aquí, la información es transparente y se comparte libremente en todos los niveles. Como resultado, los empleados pueden comprender mejor la dinámica empresarial y proporcionar información reveladora y beneficiosa de diversas maneras.

La belleza de la democratización de los datos reside en la encarnación práctica del dicho "el conocimiento es poder". En este caso, los datos se convierten en el conocimiento que alimenta las operaciones y estrategias de una organización. Sin embargo, la democratización de los datos no se trata sólo de proporcionar datos; también requiere la capacidad dentro de la organización para comprender, analizar y obtener información de esos datos, incluso para aquellos con antecedentes no técnicos. Esto exige que existan ciertos mecanismos y herramientas que sean fáciles de usar y puedan hacer que la interpretación de datos sea una tarea más sencilla para todos.

1.2 La importancia de la democratización de los datos

La democratización de los datos no es simplemente una herramienta elegante en manos de las organizaciones, ahora es una necesidad impulsada por una sobreabundancia de datos generados todos los días. El papel de los datos en las estrategias empresariales modernas ha evolucionado enormemente y las empresas están adoptando rápidamente este concepto. A continuación se presentan algunas razones por las que la democratización de los datos es importante:

1. **Promueve una cultura basada en datos:** la democratización de los datos sienta las bases de una cultura organizacional impulsada por conocimientos y no solo por intuición. Fomenta un entorno de crecimiento y aprendizaje, donde la toma de

decisiones se basa en hechos, no solo en suposiciones.

2. **Conduce a decisiones informadas:** con la disponibilidad de datos relevantes, la toma de decisiones se vuelve más efectiva. Los pasos en falso y las decisiones equivocadas disminuyen cuando se informan con datos precisos.

3. **Empodera a los empleados:** si cada empleado puede acceder y analizar los datos de forma independiente, aumenta su confianza y autonomía. Este empoderamiento conduce a una mayor satisfacción y retención en el trabajo.

4. **Fomenta la innovación:** el acceso fácil y sin restricciones a los datos puede generar nuevos conocimientos y soluciones innovadoras que de otro modo podrían haberse pasado por alto. Brinda a los empleados la oportunidad de explorar nuevas vías para obtener los beneficios de la organización.

1.3 Implementación de la democratización de datos en su organización

La democratización de los datos puede parecer inicialmente un proceso abrumador y, de hecho, requiere un enfoque estratégico para su implementación exitosa. Las empresas deben tener en cuenta algunos factores cruciales, como la seguridad y la privacidad, seleccionar las herramientas adecuadas, invertir en formación y educación, fomentar un entorno colaborativo, etc.

La democratización de los datos puede cambiar la dinámica de su organización de una manera prometedora y, a medida que se desarrolla este libro, exploraremos cómo adoptar este estilo de operación con éxito. Ya sea que sea una startup o una empresa multinacional, nuestro objetivo es brindarle las herramientas y estrategias que pueden ayudarlo a ver el potencial de hacer de los datos un pilar democrático de su arquitectura organizacional.

1.1 Comprender la democratización de los datos

La democratización de los datos se refiere al proceso mediante el cual permitimos que todos dentro de un grupo u organización, independientemente de su designación o departamento, aprovechen los datos para la toma de decisiones, conocimientos, innovaciones y más, sin requerir la intervención de guardianes dedicados, como un profesional. analista de datos o personal de TI. Al encarnar el concepto de democracia en el que todos tienen los mismos derechos, la democratización de datos permite que cada miembro acceda libremente a datos e información.

Hoy, los datos se están convirtiendo en el nuevo petróleo, impulsando cambios transformadores en varios sectores. Los líderes reconocen cada vez más el potencial de los datos para desbloquear el crecimiento, impulsar la eficiencia operativa y acelerar los procesos de toma de decisiones. Sin embargo, los datos a menudo quedan atrapados en silos, lo que dificulta la extracción de su valor.

Las empresas tradicionalmente dependían de científicos de datos o expertos en TI cuando necesitaban aprender algo de los datos. Esto creó una estructura jerárquica en la que la capacidad de obtener conocimientos dependía de unos pocos elegidos. Además, era un proceso que requería mucho tiempo, creaba obstáculos y a menudo provocaba retrasos que obstaculizaban la toma de decisiones instantánea. Esto no era eficiente y necesitaba un cambio; y por tanto, surgió la idea de la democratización de los datos.

La democratización de los datos rompe los silos de datos, permitiendo que cada individuo de una organización acceda a los datos cuando y donde los necesite, fomentando una cultura más inclusiva, empoderada y basada en datos. Se trata de crear un entorno en el que cada individuo tenga confianza en el uso de datos y herramientas de análisis para hacer mejor su trabajo.

1.1.1 Beneficios de la democratización de los datos

- **Acelera la toma de decisiones** : con acceso sin obstáculos a los datos, los empleados pueden tomar decisiones informadas rápidamente, sin necesidad de procesar solicitudes y esperar datos de los equipos de TI o analistas de datos.
- **Promueve la innovación** : cuando todos los empleados tienen acceso a los datos, pueden aplicar su perspectiva única y sus habilidades para encontrar nuevo valor, impulsando la innovación dentro de la organización.
- **Empodera a los empleados** : la democratización de los datos permite a los empleados apropiarse, tomar decisiones y sentirse más empoderados y comprometidos.
- **Nivela el campo de juego** : al romper los silos de datos, la democratización de los datos garantiza que todos los departamentos y equipos tengan igual acceso a la información, promoviendo la equidad dentro de una organización.

1.1.2 Desafíos de la democratización de datos

- **Gobierno y seguridad de datos** : garantizar que las personas adecuadas tengan acceso a los datos correctos mientras se mantienen los protocolos de privacidad y protección de datos es un desafío serio.
- **Calidad y precisión** : dado que muchos usuarios acceden a los datos y los alteran potencialmente, garantizar la precisión y la calidad de los datos también puede ser una tarea compleja.
- **Cantidad abrumadora de datos** : con un aumento en la cantidad de datos accesibles, puede resultar abrumador para algunos usuarios, lo que genera confusión o malas interpretaciones.

Al final, el objetivo de la democratización de los datos es crear una organización donde todos puedan utilizar los datos para tomar decisiones informadas, impulsar la innovación y contribuir al éxito general de la empresa. Por lo tanto, es fundamental establecer un equilibrio cuidadoso, aprender a gestionar los desafíos y asegurarse de que los beneficios superen con creces los riesgos potenciales. La democratización de los datos representa un cambio significativo en la forma en que pensamos y manejamos los datos, trayendo consigo una nueva era de toma de decisiones basada en datos que tiene el potencial de transformar las empresas en todas las industrias.

2. Descifrando datos: qué son y su importancia

2.1 La ciencia básica detrás de los datos

La comprensión de los datos comienza con lo básico. Los datos son una colección de hechos que incluyen números, palabras, medidas y observaciones. En un contexto comercial, los datos a menudo se refieren a cualquier detalle capturado sobre la actividad operativa que podría ser registrado y manipulado por computadoras. En pocas palabras, si una organización no comprende sus datos, la toma de decisiones se convierte en un juego de peligros en lugar de un proceso informado.

La información es la forma procesada de datos sin procesar que transmite conocimientos significativos después del proceso de análisis. Los datos de una empresa se pueden segmentar en diferentes tipos:

- **Datos categóricos** : son datos que se pueden clasificar en diferentes categorías pero que no tienen orden ni prioridad. Por ejemplo, tipos de industrias (Tecnología, Salud, Educación, etc.)
- **Dato Cuantitativo** : Son datos numéricos que representan una cantidad. Por ejemplo, el número de empleados de una empresa.
- **Datos ordinales** : es una combinación de datos categóricos y cuantitativos. Tiene un orden preciso. Por ejemplo, calificar un producto del 1 (muy malo) al 5 (muy bueno).
- **Datos de intervalo** : estrechamente relacionados con los datos ordinales, pero tienen intervalos iguales. Por ejemplo, la temperatura.
- **Datos de series de tiempo** : son puntos de datos recopilados o registrados en orden temporal. Por ejemplo, los ingresos mensuales de una empresa.

2.1.1 La importancia de los datos en un entorno empresarial

Las organizaciones, independientemente de su tamaño, generan una gran cantidad de datos diariamente. Pero más importante que el volumen de datos generados es lo que las organizaciones hacen con ellos. Los datos pueden aprovecharse como un activo y, si se descifran adecuadamente, proporcionan conocimientos estratégicos que conducen a decisiones comerciales informadas. Esta es la teoría de convertir datos en información y luego en conocimiento: la base misma de un proceso de toma de decisiones empresariales informado.

Al descifrar datos, se desenmascara el potencial que tienen en:

- **Mejorar la toma de decisiones** : los conocimientos basados en datos pueden mejorar los procesos de toma de decisiones al resaltar estadísticas y cifras probatorias. Esto facilita una mejor comprensión del mundo empresarial que conduce a estrategias efectivas.
- **Identificación de oportunidades** : al descifrar datos, puede identificar nuevas oportunidades que pueden impulsar significativamente sus estrategias. Esto a menudo implicaría prácticas más sofisticadas como análisis y pronóstico de tendencias.
- **Aumento de la eficiencia** : comprender los datos puede exponer áreas potenciales para optimizar los procesos, reforzar la eficiencia y, en última instancia, generar ganancias.

Estos beneficios subrayan la importancia de decodificar y comprender los datos. También debería enfatizarse la necesidad de democratizar los datos en las organizaciones. El acceso a los datos y su comprensión no debe limitarse a analistas y equipos técnicos. Esto exige un cambio cultural dentro de las organizaciones, abogando por un enfoque abierto al análisis de datos exploratorios que cree una experiencia de trabajo reveladora.

2.1.2 Desafíos al descifrar datos

Si bien los datos tienen un gran potencial para impulsar una organización, existen obstáculos en el camino. Los desafíos pueden incluir:

- **Calidad de los datos** : la mala calidad de los datos derivada de errores de entrada, datos faltantes o inconsistencias puede llevar a decisiones mal informadas.
- **Seguridad de los datos** : a medida que se impulsa la democratización de los datos, las cuestiones sobre quién tiene acceso a los datos y cómo proteger la información confidencial se vuelven fundamentales.
- **Falta de herramientas adecuadas** : descifrar datos es la mitad de la batalla; Las organizaciones también deben proporcionar herramientas efectivas para analizar datos.

Conocer y comprender estos desafíos es esencial para crear estrategias para su viaje hacia la democratización de los datos.

2.1.3 Tendencias emergentes en el descifrado de datos

Así como la tecnología evoluciona, también lo hacen los métodos para descifrar datos. Controlar estas tendencias y comprender su eficacia puede ayudar a las organizaciones a convertir sus datos en información útil. Algunas de estas tendencias incluyen:

- **Inteligencia artificial y aprendizaje automático** : estas tecnologías hacen que sea más rápido y más fácil que nunca procesar grandes cantidades de datos en tiempo real.
- **Análisis predictivo y prescriptivo** : estas prácticas analíticas ayudan a revelar probabilidades futuras y recomendar un curso de acción óptimo.

En resumen, comprender los datos y su importancia es la piedra angular para construir una base sólida para cualquier negocio que busque basarse en datos. A través de una mejor comprensión de los datos, su organización puede mejorar la toma de decisiones, descubrir nuevas oportunidades y mejorar la eficiencia. Esta comprensión se vuelve más crucial cuando se lucha por empoderar a su organización mediante la democratización de los datos.

Comprender la base: conceptos básicos de datos

Antes de profundizar en la democratización de los datos, es esencial comprender qué son los datos y por qué son cruciales para todas las organizaciones. Los datos, en los términos más simples, se refieren a unidades individuales de información. En el contexto empresarial, los datos normalmente significan cualquier información sobre operaciones, clientes, productos, mercado, etc.

En la era digital, los datos a menudo han sido considerados el recurso más valioso, lo que de hecho es cierto si se tiene en cuenta la creciente toma de decisiones y estrategias basadas en datos, el análisis predictivo y la automatización inteligente. Nuestra capacidad para recopilar, procesar e interpretar datos ha revolucionado la forma en que operamos negocios, tomamos decisiones y predecimos tendencias futuras.

Por lo tanto, comprender la importancia de los datos es el primer y más importante paso hacia el empoderamiento de una organización. Reconociéndolo como un activo que, cuando se utiliza de manera efectiva, puede proporcionar excelentes conocimientos, optimizar las operaciones, crear ventajas competitivas e impulsar la innovación.

Los diferentes tipos de datos

Los datos vienen en muchas formas. En un entorno organizacional, a menudo se produce y recopila en dos tipos fundamentales: datos estructurados y no estructurados.

Los datos estructurados son información con un alto grado de organización y se pueden buscar fácilmente mediante algoritmos de motor de búsqueda simples y directos u otras operaciones de búsqueda. Se refiere a información con una longitud y formato definidos para big data. Los ejemplos incluyen datos relacionales y JSON.

Por otro lado, los datos no estructurados, como su nombre indica, son información que no está organizada de manera predefinida o no tiene un modelo de datos predefinido. No es fácil de buscar y, a menudo, contiene mucho texto, incluidos correos electrónicos, publicaciones en redes sociales y documentos de Word.

Comprender los tipos de datos que su organización recopila y genera es crucial para comprender cómo utilizarlos, analizarlos y, en última instancia, democratizarlos mejor.

¿Por qué son importantes los datos?

Los datos tienen un valor enorme para las organizaciones. Es la materia prima de la que se pueden extraer conocimientos, inteligencia y decisiones prácticas. Sin embargo, los datos por sí solos no son refinados y difíciles de interpretar, y a menudo aparecen como figuras y textos aparentemente aleatorios.

Sin embargo, una vez que se procesan, curan y analizan, los datos se traducen en información significativa que puede informar la toma de decisiones, predecir tendencias y exponer patrones que antes no se habían visto.

Desde la optimización de los procesos y la orientación al mercado hasta el refuerzo de las relaciones con los clientes y la habilitación de innovaciones, los datos son el núcleo de todas estas operaciones. Al decodificar datos sin procesar, es posible convertir información aparentemente aleatoria en inteligencia procesable que impulse el crecimiento y la eficiencia de su organización.

Dar sentido a los datos

Los datos, ya sean grandes o pequeños, deben decodificarse para que sean útiles. Decodificar datos implica un proceso de inspección, limpieza, transformación y modelado de datos con el objetivo de descubrir información útil, fundamentar conclusiones y apoyar la toma de decisiones.

Este proceso requiere analistas con habilidades especializadas y el uso de herramientas de análisis de datos. Una vez que los datos se limpian y organizan, pueden someterse a análisis. Mediante el uso de diversos enfoques de análisis de datos, incluida la minería de datos, el análisis predictivo y el análisis de texto, se puede revelar la información oculta en los datos.

Garantizar que su organización comprenda qué son los datos, su importancia, cómo se recopilan y cómo decodificarlos y darles sentido es un paso fundamental hacia el objetivo final: la democratización de los datos.

2.1 Comprender qué son los datos

El primer paso hacia la democratización de los datos es comprender qué son los datos y por qué son tan importantes. Los datos, en términos simples, son una forma agregada de información fáctica que sirve para varios propósitos, desde la expansión del conocimiento hasta la toma de decisiones. Pueden ser hechos cuantificables sobre personas, lugares, eventos, métricas comerciales, comportamiento humano y, esencialmente, cualquier cosa que pueda medirse o registrarse. Estos datos pueden venir en varias formas, como texto, números, imágenes, audio, video, etc.

Los datos se pueden clasificar en varios tipos. Dos de los tipos más comunes son:

1. **Datos cualitativos:** este tipo de datos suele ser descriptivo y no estructurado. Transmite cualidades o características subjetivas y tangibles, como opiniones, comportamientos y experiencias.
2. **Datos cuantitativos:** Los datos cuantitativos, por otro lado, son estructurados y numéricos. Se utiliza para cuantificar problemas mediante la generación de estadísticas.

2.1.1 La importancia de los datos

En esta época en la que vivimos, a los datos se les suele llamar el "nuevo petróleo". Esto no es sólo un mero eslogan; Significa el inmenso valor de los datos en nuestro mundo actual. Para las organizaciones, los datos son un activo crucial que puede aprovecharse para impulsar el crecimiento, la innovación y la toma de decisiones estratégicas. Aquí hay algunas razones por las que los datos son tan importantes:

1. **Toma de decisiones informada:** con datos, la toma de decisiones se basa menos en la intuición y más en el análisis y los hechos. Esto reduce la incertidumbre y el riesgo y al mismo tiempo mejora la eficiencia y los resultados.
2. **Análisis predictivo:** las organizaciones pueden utilizar datos históricos para anticipar tendencias, demandas y desafíos futuros. Este conocimiento puede darles una ventaja competitiva en su industria.
3. **Comprender el comportamiento del cliente:** las empresas pueden utilizar datos para obtener información sobre el comportamiento, las necesidades y las preferencias de los clientes. Estos conocimientos pueden impulsar el desarrollo de productos, el marketing dirigido y las iniciativas de servicio al cliente.
4. **Seguimiento del desempeño:** las empresas pueden utilizar datos para medir el desempeño en todas las partes de su organización. Esto puede ayudar a identificar áreas de mejora y aumentar la eficiencia operativa general.

2.1.2 ¿Cómo encaja la democratización de los datos?

La democratización de los datos significa el proceso de hacer que los datos sean accesibles para todos dentro de una organización. En la configuración tradicional, sólo determinadas personas o departamentos (a menudo científicos de datos o equipos de TI) tienen acceso a los datos de la organización. Esto dificulta que otros equipos accedan a los datos rápidamente, lo que les impide tomar decisiones basadas en datos con prontitud.

La democratización de los datos rompe estas barreras y permite el acceso a los datos para todos, independientemente de sus habilidades técnicas. Esto no significa sólo dar a todos acceso gratuito a datos sin procesar; Implica proporcionar herramientas y plataformas fáciles de usar que permitan a los usuarios no técnicos explorar y comprender datos de manera significativa. Al permitir que todos en una organización accedan e interpreten los datos, las empresas pueden promover una cultura de datos que fomente las mejores prácticas en el uso de datos, lo que resulta en una toma de decisiones más informada en todos los niveles de la organización.

2.1 Comprender la composición de los datos

El primer paso en la gestión de cualquier recurso es comprender su naturaleza. Lo mismo ocurre con los datos. Desde esta perspectiva, es crucial darse cuenta de que los datos en sí mismos son neutrales. Es un dato bruto o una estadística recopilada durante operaciones o investigaciones. Puede adoptar diversas formas, ya sea cualitativa (información descriptiva) o cuantitativa (información numérica), estructurada (organizada) o no estructurada (aleatoria). La interpretación de estas unidades fácticas proporciona el potencial para obtener conocimientos prácticos, valor estratégico e inteligencia empresarial.

2.1.1 Tipos de datos

Hay dos categorías principales de datos: cualitativos y cuantitativos. **Los datos cualitativos** son descriptivos y se refieren a cualidades y no a números. Estos datos suelen extraerse de entrevistas, narrativas escritas o habladas, fotografías y vídeos.

Los datos cuantitativos , por otro lado, son numéricos y se centran en recuentos o calificaciones. Se pueden medir directamente e identificar fácilmente. Las empresas suelen utilizar datos cuantitativos para tomar decisiones informadas, ya que es probable que dichos datos sean más fijos y estáticos y ofrezcan hechos concretos medibles, como métricas financieras y tamaños de mercado.

2.1.2 Datos estructurados frente a datos no estructurados

Los datos estructurados se refieren a datos presentes en un campo fijo dentro de un archivo. Por lo general, están organizados en formato tabular, con columnas y filas que almacenan la información. Los ejemplos incluyen hojas de cálculo o bases de datos relacionales.

Los datos no estructurados , por el contrario, son datos que no siguen un formato específico para big data. Su formato puede contener mucho texto e incluir sellos de fecha, hora y ubicación. Ejemplos comunes son el correo electrónico, las publicaciones en las redes sociales y los datos científicos.

Comprender los diferentes tipos de datos ayuda a las empresas a optimizar sus operaciones de análisis y aporta mayor profundidad y diversidad a su conocimiento.

2.1.3 Papel de los datos en la toma de decisiones

El papel de los datos en las organizaciones es mucho más crítico que nunca, ya que proporciona una base que podría determinar el éxito o el fracaso de las decisiones. El uso de datos puede proporcionar una gran cantidad de conocimientos, identificando patrones y tendencias que informan las decisiones estratégicas. Es crucial para mejorar las operaciones, permitiendo la eficiencia y eficacia en el proceso de toma de decisiones.

2.1.4 Transformar datos en información y conocimiento

Los datos en su forma más cruda pueden parecer insignificantes. Sin embargo, cuando se procesa, organiza, estructura o interpreta para que sea significativa o útil, se convierte en información. Esta información, cuando se combina con otras piezas de información, da lugar al conocimiento.

Dicho esto, subraya la importancia de que una organización adopte herramientas adecuadas de análisis y gestión de datos. Con las herramientas adecuadas, las empresas pueden transformar una sobrecarga de datos en una toma de decisiones informada, planes y estrategias sólidos, operaciones mejoradas y, en última instancia, una visión y un éxito más amplios.

Así, descifrar qué son los datos y sus tipos es la piedra angular para empezar a comprender su importancia. Es un viaje desde los datos en bruto hasta la sabiduría, pasando por las etapas de comprensión de sus diversas formas, procesando estos datos para convertirlos en información significativa y luego utilizando los conocimientos derivados para tomar decisiones inteligentes basadas en datos.

En los próximos capítulos, profundizaremos en las estrategias para una gestión eficaz de los datos, cómo democratizarlos y utilizarlos para potenciar su organización. Pero las primeras lecciones comienzan con la comprensión de los datos y el reconocimiento de su importancia crítica.

2.1 Comprender Big Data: el combustible de la era de la información

En nuestro mundo inundado digitalmente, es casi imposible pasar un día sin interactuar con los datos, nos demos cuenta o no. Los mensajes en nuestros teléfonos inteligentes, los correos electrónicos, la navegación web, las transacciones en línea y la actividad en las redes sociales: todo esto contribuye a la colosal avalancha de información que llamamos 'Big Data'.

2.1.1 ¿Qué es el Big Data?

Para la mayoría, el término "Big Data" podría parecer referirse simplemente a una gran cantidad de datos. Si bien en general es cierto, el término es, de hecho, un concepto multidimensional. Big Data generalmente se refiere a conjuntos de datos que son tan grandes y complejos que el software de procesamiento de datos tradicional no puede gestionarlos. Estos conjuntos de datos se caracterizan por tres atributos clave, a menudo denominados "3V":

1. **Volumen:** Esto se refiere al gran tamaño de los datos que se generan cada segundo. Solo en los últimos dos años, se ha creado el 90 % de los datos del mundo, con empresas, investigaciones científicas, plataformas de redes sociales y dispositivos IoT que generan exabytes de datos diariamente.
2. **Velocidad:** se refiere a la velocidad a la que se producen nuevos datos y al ritmo al que se mueven los datos de un punto al siguiente. En la era de la información en tiempo real, los datos se generan, recopilan y analizan rápidamente, a menudo en cuestión de segundos.
3. **Variedad:** como su nombre lo indica, este componente refleja los muy diversos tipos de datos disponibles. Los datos se pueden clasificar como estructurados, semiestructurados o no estructurados, y varían desde datos numéricos, texto, correo electrónico, video, audio, datos de cotizaciones bursátiles, conversaciones en redes sociales y mucho más.

Además, con el tiempo se han agregado dos V más: Veracidad, para enfatizar la importancia de la calidad y precisión de los datos, y Valor, que mejora el valor económico de diferentes variedades de datos.

2.1.2 La importancia de los macrodatos

Infundir Big Data en sus operaciones comerciales cambia las reglas del juego: permite a las organizaciones tomar decisiones basadas en datos, proporciona conocimientos profundos, fomenta la innovación e impulsa la eficiencia de costos.

1. **Toma de decisiones basada en datos:** los procesos tradicionales de toma de decisiones a menudo implican muchas conjeturas y suposiciones. Aprovechar el poder del big data permite a las empresas tomar decisiones basadas en evidencia basada en datos, lo que genera resultados más precisos y eficaces.
2. **Conocimientos y predicciones:** el análisis de big data implica examinar conjuntos de datos grandes y diversos para descubrir patrones ocultos, correlaciones, tendencias del mercado, preferencias de los clientes y otros conocimientos útiles. Estos conocimientos pueden ayudar a las empresas a predecir tendencias y comportamientos futuros, mejorando la planificación estratégica.
3. **Innovación:** Big data está en el corazón de las innovaciones digitales modernas. Permite una comprensión más profunda de fenómenos complejos y proporciona un banco de pruebas para nuevas técnicas y herramientas, fomentando la innovación.
4. **Eficiencia de costos:** el empleo de tecnologías de big data puede generar importantes ventajas de costos cuando se deben almacenar grandes cantidades de datos, y estas tecnologías también pueden ayudar a identificar formas más eficientes de hacer negocios.

2.1.3 Democratizando el Big Data

La democratización de los datos implica que todos tengan acceso a los datos y que no haya guardianes que creen un cuello de botella en la puerta de entrada a los datos. El objetivo es que cualquiera utilice los datos en cualquier momento para tomar decisiones. Democratizar el big data significa poner los datos en manos de los verdaderos tomadores de decisiones y empoderarlos para que los utilicen.

La democratización de los grandes datos tiene un inmenso potencial para las organizaciones. Cuando todos dentro de una organización tienen acceso a los datos, permite una difusión más considerable de conocimientos, fomenta la cultura participativa y permite una toma de decisiones más informada en todos los niveles. No obstante, la democratización viene con su propio conjunto de desafíos, como mantener la seguridad y privacidad de los datos, la alfabetización de datos, etc., que deben abordarse estratégicamente.

En conclusión, comprender los conceptos básicos de big data es la base de la democratización de datos. Al comprender la naturaleza y la importancia de los grandes datos, las organizaciones pueden fomentar una cultura basada en datos en la que todos los empleados estén facultados para utilizar los datos en sus procesos de toma de decisiones, lo que garantiza beneficios sustanciales y una ventaja competitiva en la era basada en datos.

3. La evolución de la democratización de los datos en la era digital

La revolución cognitiva: cómo el Big Data y la IA están democratizando el acceso a los datos

A medida que profundizamos en la evolución de la democratización de los datos en la era digital, es crucial examinar dos componentes integrales de esta narrativa: Big Data e Inteligencia Artificial (IA). Los avances en estos ámbitos han desempeñado un papel sustancial en la ampliación de la accesibilidad, la comprensión y el uso de multitud de datos. Esta transformación de la abundancia de información en conocimiento comprensible se ha denominado la "Revolución Cognitiva".

Big Data: redefiniendo la escala y el alcance de la accesibilidad a los datos

Big Data no se refiere únicamente a grandes volúmenes de datos. Básicamente, resume un enfoque para abordar el flujo de información cada vez más vasto, complejo y diverso. Este fenómeno ha alterado el panorama en el que tradicionalmente se utilizaban y gestionaban los datos. En el pasado, los datos normalmente se procesaban en silos, y solo unos pocos tenían acceso a esta información dentro de una organización. Sin embargo, el advenimiento de las tecnologías de big data permitió a las organizaciones derribar estas barreras internas, brindando oportunidades para que los empleados de todos los niveles accedan y utilicen la información como mejor les parezca. Esta democratización de los datos ha generado un fomento de conocimientos innovadores, procesos de toma de decisiones informados y una mayor eficiencia comercial en general.

Inteligencia artificial: dar sentido a lo incomprensible

Si bien Big Data ofrece una escala y un alcance de accesibilidad a los datos sin precedentes, el gran volumen y complejidad de los datos a menudo plantean un desafío importante. Los datos, a pesar de estar disponibles, muchas veces pueden desbordar y confundir incluso a los analistas más experimentados si carecen de las herramientas necesarias para comprenderlos. Aquí es donde entra en juego la IA.

La IA, con su capacidad para imitar los procesos de inteligencia humana, tiene la clave para comprender e interpretar los datos masivos y complejos que se generan todos los días. El aprendizaje automático, un subconjunto de la IA, permite a las computadoras aprender e interpretar datos sin programación explícita. Estas tecnologías ayudan no solo a analizar e interpretar datos, sino también a predecir resultados futuros.

Las herramientas de análisis basadas en IA y los algoritmos de aprendizaje automático pueden reducir drásticamente el tiempo y el esfuerzo necesarios para obtener información a partir de grandes volúmenes de datos. La IA y el aprendizaje automático pueden ayudar aún más a reconocer patrones y correlaciones que el análisis humano podría pasar por alto, ofreciendo así una comprensión más meticulosa de los datos. Esta automatización de la comprensión de datos los hace accesibles y utilizables por no expertos en datos, ampliando así el alcance democrático.

La confluencia de Big Data e IA

La integración de big data e IA es como encajar las piezas de un rompecabezas, abordando tanto la accesibilidad como la inteligibilidad de los datos. Big data proporciona la materia prima, es decir, grandes volúmenes de datos generados a partir de diversas fuentes. Por el contrario, la IA aporta herramientas, como el aprendizaje automático y el procesamiento del lenguaje natural, para interpretar esos datos, obtener conocimientos y predecir tendencias futuras.

Las organizaciones que aprovechan el poder de ambos pueden fomentar un ecosistema donde los datos no sólo sean accesibles para todos, sino también menos prohibitivos y más complacientes. Herramientas como las plataformas de BI integradas con capacidades de IA, paneles de visualización de datos y algoritmos de aprendizaje automático pueden convertir los datos en información significativa y procesable que incluso los usuarios sin conocimientos técnicos pueden comprender y utilizar. Esta fusión de tecnologías impulsa la democratización de los datos, erradicando la exclusividad asociada a los datos y distribuyendo su poder a todos los niveles de la organización.

Nota final: desafíos y consideraciones éticas

Si bien la revolución cognitiva encierra inmensas promesas, también trae consigo una serie de desafíos. La privacidad de los datos, las infracciones de seguridad, la visibilidad de los datos patentados y la temida naturaleza de "caja negra" de los sistemas de IA son solo algunos. Abordar estos obstáculos, por lo tanto, es tan integral para la narrativa de democratización de datos como el desarrollo y la implementación de estas tecnologías.

Reconocer los datos como un activo esencial e invertir en democratizarlos es el primer paso hacia un futuro basado en datos. Con las prácticas y tecnologías adecuadas, las organizaciones pueden empoderar a sus empleados, fomentar la innovación y, en última instancia, garantizar su competitividad en el mercado. La revolución cognitiva marca el inicio de datos más comprensibles, accesibles y democráticos, impulsados por los avances tecnológicos de la era digital.

3.1 Comprender la democratización de datos

La base de la democratización de los datos es la ideología de que la información digital es accesible y comprensible para todos, no exclusivamente para la alta dirección o los expertos en TI. Los entornos empresariales contemporáneos requieren decisiones respaldadas por datos, por lo que es necesario que cada miembro de la organización comprenda y analice la información.

3.1.1 El cambio de la monarquía de los datos a la democracia de los datos

Inicialmente, los datos residían en manos de unos pocos miembros de una organización, una configuración comúnmente conocida como "monarquía de datos". Por lo general, los datos se guardaban en almacenes de datos y eran utilizados por analistas de negocios y otros expertos en datos que luego contaban los conocimientos al resto de la organización. Sin embargo, esto resultó en un retraso en la toma de decisiones e introdujo la posibilidad de malas interpretaciones debido a la comunicación de terceros.

El surgimiento de nuevas tecnologías y herramientas, como Big Data y análisis, impulsó una transición hacia la "democracia de datos", donde los miembros de una organización pueden acceder, analizar y utilizar datos directamente. Este cambio desempeñó un papel importante en la creación de una cultura centrada en los datos en muchas organizaciones.

3.1.2 Aumento de Big Data y Analytics

La llegada de Big Data y el análisis introdujo nuevas dimensiones de datos que antes eran imposibles de capturar. Se comenzaron a capturar datos no estructurados de redes sociales, videos y reseñas en línea, lo que abrió una gran cantidad de conocimientos que las organizaciones pueden aprovechar.

Las herramientas de análisis de datos crecieron en sofisticación, ya que comenzaron a incorporar algoritmos de inteligencia artificial y aprendizaje automático para predecir tendencias y patrones. Estas herramientas ahora están diseñadas para ser fáciles de usar, reducir su complejidad y permitir que el personal no técnico las use.

3.1.3 Evolución de las herramientas de visualización de datos

La última década ha sido testigo de una evolución significativa en las herramientas de visualización de datos. Estas herramientas permitieron a los usuarios comprender visualmente datos complejos e identificar patrones, tendencias y correlaciones rápidamente. Power BI de Microsoft, Tableau y Data Studio de Google son algunos ejemplos de estas herramientas que hicieron que los análisis fueran fácilmente digeribles para una audiencia más amplia.

Herramientas como estas democratizan los datos al hacerlos fácilmente discernibles y, por lo tanto, procesables. Los empleados pueden tomar decisiones más rápidas e informadas basadas en conocimientos de autoservicio en lugar de depender de especialistas en datos.

3.1.4 Papel de la computación en la nube

La computación en la nube contribuyó significativamente a la democratización de los datos. Eliminó la necesidad de que las organizaciones mantuvieran una infraestructura engorrosa, permitiéndoles almacenar y procesar datos de manera más asequible.

Las plataformas basadas en la nube hicieron posible que las organizaciones almacenaran de forma remota grandes cantidades de datos a los que luego podría acceder un usuario autorizado, independientemente de su ubicación. Los empleados pueden obtener los datos requeridos siempre que los necesiten, lo que aumenta su eficiencia.

3.1.5 El impacto de las regulaciones de datos

Aunque la democratización de los datos permite el libre acceso a los datos en una organización, mantener la privacidad y la seguridad sigue siendo una preocupación fundamental. Regulaciones como el Reglamento General de Protección de Datos (GDPR) en Europa y la Ley de Privacidad del Consumidor de California (CCPA) resaltan la importancia de asegurar y proteger los datos de un individuo.

No obstante, estas regulaciones no impidieron el crecimiento de la democratización de datos, pero obligaron a las organizaciones a idear políticas y prácticas seguras de gobierno de datos.

3.2 El futuro de la democratización de datos

Con los avances tecnológicos y el crecimiento continuo de la automatización, el futuro de la democratización de los datos parece prometedor. La atención se centrará en desarrollar herramientas más intuitivas que ofrezcan mejores conocimientos al tiempo que garantizan estándares sólidos de seguridad y privacidad de datos.

Cada organización tiene la responsabilidad de adoptar una cultura de datos para seguir siendo relevante en este mundo basado en datos. La democratización de los datos permite a las empresas fomentar la innovación, acelerar la toma de decisiones y, en última instancia, crear un modelo comercial más competitivo. Es seguro decir que las empresas que adopten la democratización de los datos tendrán una clara ventaja en el futuro.

Nos encontramos en una encrucijada apasionante en la que la democratización de los datos se está convirtiendo simultáneamente en una necesidad, una norma y un catalizador para la innovación. Las semillas de la democracia de datos actual están a punto de florecer en un futuro en el que los datos no sólo estén disponibles para todos, sino que también sean comprendidos y analizados por todos, impulsando una nueva era de crecimiento exponencial y oportunidades.

3.1 Comprender la democratización de los datos

La democratización de datos, como sugiere el término, es la democratización o igualación del acceso a los datos dentro de una organización. Tradicionalmente, los datos eran como un activo secreto conocido y al que sólo accedían unos pocos equipos o individuos selectos de una organización. Los responsables de la toma de decisiones y los funcionarios de nivel superior fueron los actores clave que controlaban y utilizaban estos datos. Sin embargo, a medida que las industrias evolucionaron y con el advenimiento de la era digital, la dependencia exclusiva de unos pocos elegidos para la interpretación de datos no logró satisfacer las crecientes necesidades comerciales. Esto marcó el surgimiento y la integración de la democratización de datos en las estrategias comerciales.

La democratización de los datos significa que todos tienen acceso a los datos y que no hay guardianes que creen un cuello de botella en la puerta de entrada a los datos. Requiere que los datos estén disponibles y accesibles para todos en un formato que sea comprensible y utilizable, y quienes accedan a ellos deben confiar y compartir la responsabilidad de los datos.

3.1.1 Evolución de la democratización de datos

El concepto de democratización de datos no es del todo nuevo. Con el advenimiento de la primera computadora mecánica en el siglo XIX, seguido por el surgimiento de las computadoras modernas a principios y mediados del siglo XX, los datos comenzaron a salir de los documentos físicos escritos a mano y encontraron un lugar en el mundo digital.

La era de Internet puso el foco en los datos. Los datos ya no eran solo un actor de fondo. Era el líder, dirigiendo las estrategias comerciales clave. Desde principios de la década de 2000 hasta 2010, se produjo una explosión de datos creados y almacenados. Con este estallido repentino, las empresas se dieron cuenta rápidamente del valor de los datos. Esto condujo al problema del cuello de botella donde solo el elegido (científicos de datos o expertos en TI) podía acceder e interpretar los datos.

Los productos y servicios centrados en el cliente eran la necesidad del momento y estos intérpretes de datos no podían satisfacer esta creciente demanda con prontitud. Con el tiempo, las organizaciones empezaron a sentir la urgencia de democratizar los datos. Comenzaron la transición de un marco de gestión de datos centralizado a uno descentralizado. Tecnologías como la computación en la nube, el big data y el IoT actuaron como catalizadores en este viaje hacia la democratización de los datos.

3.1.2 El impacto de la democratización de los datos

A medida que el panorama de los datos siguió evolucionando, las organizaciones comenzaron a comprender las importantes ventajas de la democratización de los datos. Los conocimientos a partir de los datos ya no eran un privilegio de determinados roles o equipos, sino un recurso para todos en la organización.

Cuando los datos se democratizan, pueden permitir que los empleados tomen decisiones estratégicas informadas, cultiven la innovación, mejoren la satisfacción del cliente y mejoren el rendimiento general del negocio. Al otorgar a las personas acceso a datos y herramientas de análisis, las organizaciones pueden fomentar un entorno laboral más inclusivo, informado y empoderado.

3.1.3 Desafíos en la democratización de datos

Aunque la democratización de los datos promete un mundo de beneficios, no está exenta de desafíos. La principal preocupación es la seguridad y la privacidad de los datos, ya que el acceso sin restricciones a los datos conlleva el riesgo de uso indebido y violaciones. Garantizar la calidad de los datos es otro problema. Con la llegada de datos de varias fuentes, se vuelve fundamental garantizar su precisión y consistencia.

El cambio cultural que induce la democratización de los datos es otro desafío más que superar. Convencer a cada individuo y departamento sobre la importancia de aprovechar y mantener los datos de manera responsable exige un fuerte liderazgo.

Mirando hacia el futuro, la democratización de los datos es más que una simple tendencia pasajera. Es la piedra angular de la organización basada en datos del mañana. Si bien el camino hacia la democratización completa de los datos puede ser desafiante, los resultados (agilidad empresarial, rápida toma de decisiones, innovación, satisfacción del cliente y crecimiento general) hacen que el viaje valga la pena.

3.1 Comprender las raíces y el crecimiento de la democratización de datos

Para informarse sobre la progresión de la democratización de los datos, es importante comprender el concepto desde sus raíces. La democratización de los datos es el proceso que lleva a que los datos sean accesibles para todos, independientemente de su grado de experiencia o posición jerárquica. Este principio era casi desconocido en los mecanismos empresariales, incluso hasta hace unas décadas. Los datos se consideraban un activo plausible y propiedad exclusiva de los departamentos de TI. El personal no técnico normalmente tenía que depender de científicos de datos para extraer, analizar e interpretar datos relevantes. Este protocolo a menudo retrasaba el proceso de toma de decisiones, creando una brecha considerable entre la acumulación de datos y la implementación de sus conocimientos.

La génesis de la era digital impulsó avances tecnológicos que, en última instancia, sentaron las bases para la democratización de los datos. Esta evolución se remonta a la "democratización del conocimiento", cuya cuna fue la ahora omnipresente Internet.

3.1.1 El auge de Internet

La llegada de Internet fue el primer paso real hacia la democratización del conocimiento. Hizo que las distancias fueran irrelevantes y ofreció información de inmediato. Los motores de búsqueda, las bases de datos en línea y las bibliotecas digitales comenzaron a permitir el acceso instantáneo a una amplia gama de información. La democratización del conocimiento fue un preludio a la democratización de los datos, marcando la pauta para un mundo conectado donde se pudiera compartir y acceder a los datos independientemente de las fronteras geográficas.

3.1.2 Impacto de la tecnología

Al mismo tiempo, las mejoras en la tecnología de la información fueron paralelas al aumento de los datos digitales, proporcionando las herramientas necesarias para capturar, almacenar y analizar escalas de datos cada vez más grandes. En las primeras etapas, el almacenamiento de datos era un desafío importante, pero la introducción de soluciones de almacenamiento basadas en la nube resultó fundamental para superar este impedimento, lo que llevó a una adopción generalizada de la democratización de los datos.

3.1.3 Aparición de Big Data

El surgimiento de big data intensificó aún más la necesidad de una democracia de datos. A medida que el volumen, la variedad y la velocidad de los datos crecían cada vez más, las organizaciones reconocieron la necesidad de ampliar el acceso a los datos a todos sus trabajadores, rompiendo el método tradicional de distribución de datos aislada y de arriba hacia abajo. Esto resultó en un cambio de paradigma hacia la democratización de los datos, permitiendo a los empleados de todos los niveles acceso directo a los datos.

3.1.4 El escenario actual

Hoy en día, la democratización de los datos está cobrando impulso y muchas organizaciones están integrando este paradigma en su estrategia principal. Tecnologías innovadoras como la inteligencia artificial, el aprendizaje automático y el análisis predictivo están perfeccionando este cambio al proporcionar conocimientos de datos que son increíblemente precisos y procesables.

La democratización de los datos en la era digital se ha convertido en una enorme fuerza de transformación para las empresas. Si bien sus beneficios potenciales son enormes, también plantea desafíos únicos y exige que las organizaciones adopten cambios de manera sistemática. Las siguientes secciones de este libro exploran más a fondo las oportunidades, los desafíos y las perspectivas futuras que plantea la democratización de los datos.

3.1 El amanecer de la era de la información digital

El auge de la tecnología digital ha revolucionado la forma en que las organizaciones interactúan con los datos. Esta era, descrita en particular como la "Era de la Información", ha permitido a las empresas procesar una cantidad de datos sin precedentes, liberando así un inmenso potencial en diversos sectores. A diferencia de épocas pasadas en las que los datos permanecían en manos de un grupo selecto de personas o departamentos, la era digital ha allanado el camino para un acceso más democrático a los datos.

La evolución de la democratización de los datos en la era digital está determinada por tres fases fundamentales: digitalización, disimulación y democratización.

3.1.1 Digitalización

La etapa inicial de esta evolución fue la conversión de datos analógicos a formatos digitales. Esta transición marcó un cambio de paradigma significativo, ya que condujo a la creación de más datos en un período de tiempo más corto. La digitalización implicó el desarrollo de formatos de datos digitales, que fueran fáciles de replicar, distribuir y almacenar, lo que permitió a las organizaciones crear vastas bases de datos de información que sirvieron de base para las fases posteriores.

3.1.2 Desmontaje

La fase de disimulo significa la ruptura de las estrictas estructuras jerárquicas que tradicionalmente monitoreaban el acceso a los datos. Anteriormente, la mayoría de los datos estaban disponibles para un grupo de élite de analistas y científicos de datos, lo que los convertía en un recurso exclusivo. Esta etapa de evolución tenía como objetivo romper estas barreras e impulsar un marco de acceso a datos más inclusivo. Las empresas modernas comenzaron a darse cuenta de que restringir los datos a un grupo selecto de personas era un enfoque subóptimo que limitaba la innovación y la creatividad.

3.1.3 democratización

La democratización de los datos se refiere al proceso en el que los datos se vuelven accesibles para todos en una organización, independientemente de su experiencia técnica o antigüedad. El acceso democratizado a los datos empodera a los empleados de todos los niveles proporcionándoles recursos y herramientas para aprovechar los datos de forma independiente. Esta fase representa la culminación del proceso evolutivo, y los datos ahora son un recurso ampliamente disponible que podría utilizarse en todos los niveles y departamentos.

Este viaje de democratización fue apoyado por varios avances tecnológicos. Las tecnologías Big Data ayudaron a procesar y analizar grandes volúmenes de datos, mientras que las plataformas basadas en la nube permitieron una distribución de datos más flexible y amplia. Las técnicas de inteligencia artificial y aprendizaje automático ayudaron a automatizar el análisis, proporcionando información y predicciones en tiempo real. Las herramientas de visualización dieron vida a los datos, haciéndolos comprensibles para las personas en roles no técnicos.

La democratización de los datos en la era digital ha transformado en última instancia los datos de una herramienta autorizada a una cooperativa, facilitando un proceso de toma de decisiones más informado que conduce al empoderamiento general de la organización.

En esencia, la democratización de los datos en la era digital ha redefinido la estructura de poder tradicional que dictaba el acceso a los datos. Los datos ya no son un privilegio de unos pocos elegidos; en cambio, es una herramienta poderosa en manos de muchos. Esta revolución ha inyectado inteligencia en todos los niveles de la organización, fomentando una cultura de innovación, valor mutuo y una comprensión más rica del complejo entorno de datos. Exploraremos las ventajas de la democratización de los datos en detalle en las siguientes partes de este libro.

4. Fomentar una cultura organizacional basada en datos

4.1 Enfatizando la importancia de la alfabetización en datos

La alfabetización de datos es un aspecto fundamental para fomentar una cultura organizacional basada en datos. Al igual que con la alfabetización tradicional, que denota la capacidad de leer y escribir, la alfabetización de datos se ocupa de la capacidad de leer, interpretar, comprender y discutir con los datos. Una persona alfabetizada en datos debe ser capaz de discernir entre datos buenos y malos, interpretar tablas y gráficos, hacer preguntas críticas sobre los datos, extraer información significativa y apreciar el poder de la toma de decisiones basada en datos.

Muchas organizaciones pasan por alto el paso crucial de cultivar la alfabetización de datos y se lanzan a implementar herramientas de seguimiento de datos o reunir equipos de ciencia de datos, solo para enfrentar desafíos para obtener información fructífera o lograr una aceptación significativa del equipo. Esto se debe principalmente a que la alfabetización en datos no se trata solo de una persona o un grupo de científicos de datos. Se trata de crear un entorno en el que todos los miembros de la organización comprendan el potencial de los datos disponibles y se comprometan a utilizarlos para impulsar decisiones comerciales.

Aquí hay algunos pasos que las organizaciones pueden tomar para mejorar la alfabetización de datos:

Capacitación y desarrollo continuos : hacer que la educación en datos forme parte de la capacitación y el desarrollo continuos crea un músculo de alfabetización en datos dentro de la organización. Empresas como AirBnB implementaron su propia Universidad de Datos, lo que permite a los empleados mejorar sus habilidades y comprender los datos a su propio ritmo, convirtiéndolos así en parte integral de la cultura organizacional.

Fomentar la curiosidad y el cuestionamiento : fomentar una cultura basada en datos requiere promover un entorno donde las personas se sientan cómodas cuestionando las suposiciones existentes y tomando decisiones basadas en lo que revelan los datos. Hacerlo permite a los empleados adquirir más conocimientos sobre datos.

Promover la toma de decisiones basada en datos : tomar decisiones basadas en instintos o jerarquías es cosa del pasado. Las organizaciones deben enfatizar que cada decisión importante debe estar respaldada por datos. Esto cultivará una atmósfera en la que el análisis y las percepciones impulsen acciones, en lugar de opiniones o conjeturas.

Democratizar el acceso a los datos : la frase "el conocimiento es poder" es aún más cierta cuando se trata de datos. Al democratizar los datos y brindar a cada miembro del equipo acceso a conjuntos de datos relevantes (obviamente salvaguardando información personal o confidencial), las organizaciones pueden promover la transparencia y mejorar la capacidad de todos para aprovechar el poder de los datos en sus tareas diarias.

Designar campeones de datos : para ayudar a impulsar iniciativas de datos y ayudar a otros en su viaje de comprensión de datos, las organizaciones pueden crear el rol de campeones de datos. Estas personas pueden distribuirse en varios departamentos, ayudar a sus pares con la interpretación de datos, brindar la capacitación necesaria y reforzar un espíritu basado en datos.

El viaje hacia la alfabetización de datos y, finalmente, hacia una organización cultivada en datos puede parecer desalentador, pero con las estrategias y los sistemas adecuados, la transformación puede ser perfecta. Recuerde, la inversión en cultivar un equipo con conocimientos de datos y potenciado por datos puede generar dividendos en forma de una mejor toma de decisiones, una mayor eficiencia y, en última instancia, impulsar el éxito comercial.

4.1 Comprensión de los datos y su importancia

Antes de profundizar en los pasos para crear una cultura basada en datos en su organización, es esencial comprender qué son los datos y por qué son importantes. Los datos son información recopilada para referencia o análisis. Las empresas recopilan información para analizarla y tomar decisiones bien informadas. Para comprender los datos, debemos comprender sus dos clasificaciones principales: datos cualitativos y cuantitativos. Los datos cualitativos son descriptivos e involucran características que no se pueden contar, mientras que los datos cuantitativos se pueden medir y expresar numéricamente. Ambos tipos de datos desempeñan un papel crucial en el proceso de toma de decisiones empresariales.

Últimamente, la importancia de los datos en las empresas ha ido creciendo rápidamente. Atrás quedaron los días en que las organizaciones tomaban decisiones basadas en la experiencia y la intuición. Con la llegada del big data y el análisis, las organizaciones ahora pueden tomar decisiones basadas en datos. El análisis de datos ayuda a las organizaciones a comprender a sus clientes, mejorar sus productos y servicios, reducir costos, identificar oportunidades, hacer estrategias de marketing más efectivas, realizar un seguimiento del rendimiento y analizar a los competidores. En un mundo que se está digitalizando rápidamente, cada transacción comercial da paso a la recopilación e interpretación de datos. En un mundo así, ignorar los datos puede ser un camino hacia el fracaso.

4.2 Cambiar a una mentalidad basada en datos

Para fomentar una cultura basada en datos, se requiere un cambio de mentalidad en toda la organización. Se debe alentar a los empleados a tomar decisiones basadas en datos en lugar de en experiencias e instintos personales. Este cambio debe ser liderado desde la alta dirección, y los líderes deben promover el uso de datos en todos los aspectos del negocio. Fomentar preguntas que sólo pueden responderse con datos puede reforzar aún más esta cultura.

Reorientar al personal para que piense en términos de datos significa que los gerentes deben marcar la pauta incorporando datos en sus reuniones, presentaciones y toma de decisiones del día a día. El uso repetido y consistente de datos mueve naturalmente a una organización hacia una cultura basada en datos.

4.3 Alfabetización de datos: educar y habilitar

Para democratizar los datos, se vuelve esencial invertir en la capacitación y educación de los empleados para que se conviertan en alfabetizados en datos. Esto no sólo inculcará un sentido de importancia de los datos en los empleados, sino que también les permitirá extraer información útil de ellos. Esto se puede lograr brindando apoyo en forma de educación, capacitación, recursos y herramientas adecuadas basadas en datos.

Las organizaciones deben asegurarse de que los empleados de todos los niveles estén equipados con habilidades y recursos para comprender y utilizar los datos de manera efectiva. Esto podría implicar capacitación en análisis, interpretación y visualización de datos y exponerlos a varios conjuntos de herramientas para el manejo de datos.

4.4 Incorporar datos en la toma de decisiones

Los datos deben incorporarse en el proceso de toma de decisiones en todos los niveles de la organización. Ya sean decisiones estratégicas, tácticas u operativas, los datos pueden proporcionar información valiosa que oriente decisiones eficientes y sensatas. Al utilizar datos para respaldar sus decisiones, los empleados pueden desmitificar el proceso de toma de decisiones, haciéndolo más transparente y comprensible.

59

4.5 Generar transparencia y confianza

La transparencia y la confianza desempeñan un papel crucial en el fomento de una cultura basada en datos. Se deben tomar medidas para generar confianza en los datos de los empleados. Esto implica no sólo entregar datos precisos y consistentes, sino también asegurarse de que los empleados comprendan cómo se recopilan, tratan y analizan los datos.

La transparencia en el manejo y procesamiento de datos puede fomentar una mayor convicción en los conocimientos basados en datos, lo que posteriormente conducirá a una cultura basada en datos más sólida.

4.6 Promoción del enfoque colaborativo

Un enfoque colaborativo puede avanzar aún más en el cambio hacia una cultura basada en datos. Se debe alentar a los equipos a trabajar juntos para recopilar, analizar, interpretar y aplicar los datos. La cooperación entre diferentes departamentos puede mejorar la eficacia de los datos utilizados, lo que generará conocimientos más completos. Esta colaboración entre departamentos también garantiza que todos los aspectos de una empresa se aborden con un enfoque sistemático con una visión compartida para lograr objetivos comunes.

4.7 Evaluación y mejora continua

Una cultura basada en datos no es un cambio único, sino un proceso continuo de aprendizaje, desarrollo y adaptación. Siempre hay margen de mejora en la forma en que se recopilan, gestionan e interpretan los datos. Los ajustes y mejoras continuos no sólo pueden mantener a las organizaciones al tanto de las últimas tendencias, sino también mantener el impulso de una cultura basada en datos.

Por lo tanto, el desarrollo y fomento de una cultura organizacional basada en datos no es una transformación de la noche a la mañana, sino más bien un proceso de múltiples fases. Su objetivo es mantener a las organizaciones competitivas en este entorno empresarial dinámico que depende cada vez más de los datos.

Subsección: 4.1 Cultivar un entorno para decisiones basadas en datos

Uno de los pasos centrales y críticos para fomentar una cultura organizacional basada en datos es cultivar un entorno que permita y fomente decisiones basadas en datos. A continuación se describen estrategias específicas para facilitar este entorno.

4.1.1 Fomentar la transparencia y la apertura

La transparencia con los datos significa que todos en una organización tienen acceso a los datos, los entienden y los comparten regularmente. Los empleados deben sentirse cómodos para hacer preguntas, sugerir mejoras y conversar abiertamente sobre datos e ideas. Esta transparencia rompe barreras, fomenta la comunicación, fomenta la confianza y promueve un uso de datos más amplio.

Sugerencia: comience creando un centro de datos centralizado que ofrezca a todos los miembros acceso a los activos de datos.

4.1.2 Promover la alfabetización en datos

La alfabetización de datos se refiere a la capacidad de leer, trabajar con, analizar y argumentar con datos. Es fundamental que los empleados dominen los conocimientos sobre datos para poder utilizarlos e interpretarlos de forma eficaz.

Sugerencia: invertir en programas de capacitación y educación en alfabetización de datos en todos los niveles y departamentos.

4.1.3 Establecer una gobernanza de datos clara

El gobierno de datos ayuda a garantizar la coherencia, integridad y seguridad de los datos y gestiona su disponibilidad, usabilidad y cumplimiento. Este sistema aclara quién puede actuar, sobre qué datos, en qué situaciones y con qué métodos.

Sugerencia: Formule un marco sólido de gobernanza de datos que designe roles, responsabilidades y procesos.

4.1.4 Fomentar la toma de decisiones basada en datos

Fomentar la toma de decisiones basada en datos implica tomar decisiones estratégicas basadas en el análisis y la interpretación de datos en lugar de solo en la intuición o la observación.

Sugerencia: muestre periódicamente cómo la toma de decisiones basada en datos ha llevado al éxito organizacional.

4.1.5 Reconocer y recompensar el uso de datos

El uso de datos debe registrarse, reconocerse y recompensarse dentro de la organización. Esta ley fomenta un mayor uso de datos y crea una cultura en la que los datos son fundamentales para las decisiones estratégicas y operativas.

Sugerencia: crear un sistema de reconocimiento o recompensa para los empleados que hagan un uso eficaz de los datos.

4.1.6 Promover una mentalidad de prueba y aprendizaje

Cuando una organización maneja datos, los fallos son inevitables, pero no tienen por qué ser negativos. Anime a sus empleados a ver estos momentos como oportunidades para aprender, perfeccionar y volver a intentarlo.

Sugerencia: Fomente los experimentos y las pruebas y sea abierto ante los fracasos.

4.1.7 Sea paciente y persistente

Transformarse en una organización basada en datos es un proceso largo y complejo que requiere paciencia y ajustes operativos. Es importante destacar que requiere un liderazgo fuerte para sostener el impulso y guiar el cambio cultural.

Sugerencia: Practique y enfatice la paciencia y la perseverancia en su equipo.

Al cultivar dicho entorno, su organización está preparada para fomentar una cultura basada en datos que aprovechará el poder de los datos democratizados para lograr objetivos estratégicos y mantener una ventaja competitiva.

4.1 Comprender el valor de los datos

En el camino hacia el fomento de una cultura basada en datos, el primer paso es comprender y apreciar el valor de los datos. Es crucial que todos los miembros de la organización comprendan el poder de los datos, independientemente de su función o posición en la jerarquía. El avance del big data y el análisis avanzado ha facilitado oportunidades revolucionarias para organizaciones de diversos sectores, incluidos el de la salud, la banca, el comercio minorista y muchos otros.

Por ejemplo, los datos permiten a las organizaciones de atención médica mejorar la atención al paciente mediante análisis predictivos, que pueden ayudar a identificar riesgos potenciales para la salud antes de que se vuelvan graves. De manera similar, las empresas minoristas pueden utilizar datos para comprender los comportamientos y preferencias de los clientes, guiándolos en el desarrollo de estrategias de marketing efectivas y servicios personalizados.

Comprender el valor de los datos no se trata sólo de reconocer su relevancia o reconocer su potencial; se trata de hacer de los datos una parte integral de la estrategia y las operaciones diarias de la organización.

4.1.1 Rol del liderazgo en el cultivo de la apreciación de los datos

El liderazgo juega un papel importante en el cultivo de una apreciación y comprensión de los datos dentro de la organización. Los líderes deben ser los abanderados de la cultura basada en datos, alentando a los miembros del equipo a aprovechar los datos en su proceso de toma de decisiones.

El equipo de liderazgo debe articular los beneficios de utilizar datos, compartiendo historias de éxito donde el uso de datos ha resultado en beneficios tangibles. Hacer que las decisiones relacionadas con los datos sean visibles y exitosas inspirará a los empleados a apreciar el valor que los datos aportan.

4.1.2 Garantizar la accesibilidad de los datos

Para democratizar los datos, es esencial garantizar su accesibilidad. Todas las partes interesadas relevantes deben tener acceso a los datos necesarios en un formato fácil de usar. Al mismo tiempo, deben implementarse protocolos estrictos de gobernanza y seguridad de datos para evitar el acceso no autorizado o violaciones de datos.

Los datos no deben limitarse a departamentos o funciones específicas, sino que deben estar disponibles para quien los necesite para cumplir sus funciones de forma más eficiente y eficaz. Esta accesibilidad permite a los empleados de todos los niveles utilizar datos en su trabajo, promoviendo una cultura laboral basada en datos.

4.1.3 Desarrollar la alfabetización en datos

Comprender y apreciar el valor de los datos va de la mano con el fomento de la alfabetización en datos dentro de la organización. Los empleados deben estar equipados con las habilidades necesarias para interpretar y comprender datos.

Esto implica no sólo habilidades técnicas, como análisis o visualización de datos, sino también la capacidad de comprender lo que indican los datos y cómo se pueden aplicar para mejorar las operaciones, las estrategias y los resultados.

Invertir en alfabetización en datos, a través de programas de capacitación internos o cursos externos, es una parte crucial para fomentar una cultura basada en datos. Garantiza que todos los miembros del personal, independientemente de su formación o función, puedan interactuar con los datos de forma segura y constructiva.

4.1.4 Fomentar una mentalidad basada en datos

Cultivar una cultura basada en datos no se trata solo de herramientas y técnicas; también se trata de cultivar una mentalidad basada en datos. Esto implica alimentar la curiosidad, fomentar las preguntas, promover la experimentación, aprender de los errores y estar siempre abierto al aprendizaje y al crecimiento.

Una mentalidad basada en datos requiere paciencia y perseverancia, ya que puede implicar cambios culturales y de procedimientos dentro de la organización. Sin embargo, los resultados merecen el esfuerzo, ya que una mentalidad arraigada basada en datos puede impulsar a la organización hacia la mejora y la innovación continuas.

Para fomentar con éxito una cultura basada en datos, se debe comenzar por comprender y validar el potencial de los datos para transformar la organización. Requiere un esfuerzo compartido por parte de los líderes y los empleados para hacer de los datos una parte integral de su estrategia, decisiones y operaciones. Al apreciar el valor de los datos, garantizar su accesibilidad, desarrollar la alfabetización de datos y fomentar una mentalidad basada en datos, las organizaciones pueden realmente democratizar los datos y empoderarse para un futuro competitivo.

4.1 Importancia de la alfabetización en datos

En una economía global cada vez más impulsada por los datos, la capacidad de comprender, interpretar y analizar cuidadosamente los datos se ha vuelto tan esencial como las habilidades básicas de lectura y matemáticas. Esto es lo que llamamos alfabetización en datos. Es la capacidad de derivar información significativa a partir de datos. La alfabetización en datos incluye la comprensión de varios tipos de datos y fuentes de datos, así como la forma de interpretar y comunicar los hallazgos.

Para que una organización esté verdaderamente basada en datos, es imperativo que la alfabetización en datos no se limite a un puñado de expertos o especialistas, sino que se extienda por toda la organización. En una organización con conocimientos de datos, todos, desde los altos ejecutivos hasta los trabajadores de primera línea, comprenden el valor de los datos y pueden participar fácilmente en su uso.

4.1.1 Creación de una fuerza laboral alfabetizada en datos

Crear una cultura alfabetizada en datos requiere un enfoque bien estructurado. Se trata de algo más que simples sesiones de formación o talleres. Si bien son necesarios, la promoción de la alfabetización en materia de datos debe verse como un proceso continuo.

Comience con una evaluación integral de alfabetización de datos en toda su organización para identificar brechas en la comprensión. Utilice esta evaluación para dar forma a su plan educativo. Puede dividir el programa de alfabetización

67

en fases, comenzando con las habilidades básicas y luego avanzar a las habilidades especializadas. Utilice una combinación de cursos, seminarios web, aprendizaje entre pares, tutoría y proyectos prácticos para involucrar varios estilos de aprendizaje.

Capacite a sus empleados para que hagan preguntas, busquen aclaraciones y participen en conversaciones sobre datos. Aproveche la narración de datos para hacer que los conceptos de datos abstractos sean más concretos y identificables. La comprensión clara de los conceptos motivará a su equipo a utilizar los datos en la toma de decisiones diaria.

4.1.2 Liderazgo y alfabetización de datos

Los líderes tienen un papel fundamental en la promoción de la alfabetización en datos. Ellos marcan la pauta. Las organizaciones donde los líderes tienen conocimientos de datos probablemente tengan empleados con conocimientos de datos. Los líderes deben abogar por la alfabetización en datos, invertir personalmente en mejorar sus habilidades en materia de datos y predicar con el ejemplo.

Los líderes deben fomentar una mentalidad curiosa y cuestionadora hacia los datos entre el equipo. Esto incluye reconocer que es posible que los datos no siempre ofrezcan respuestas claras y promover una visión equilibrada que respete el conocimiento de los datos pero no pase por alto la experiencia y la intuición de los empleados.

4.1.3 Gobernanza de datos

La buena alfabetización en materia de datos puede verse socavada por datos de mala calidad. La gobernanza de datos garantiza que los datos de su organización sean precisos, accesibles, coherentes y estén protegidos. Las políticas claras de gobernanza de datos facilitan que el personal comparta, interprete y aplique conocimientos de datos de manera precisa y responsable. Reduce las posibilidades de interpretación inconsistente y falta de comunicación. Las políticas también deben cubrir el uso ético de los datos, la privacidad de los datos y el cumplimiento normativo.

4.1.4 Evolución de la alfabetización en datos con la organización

La alfabetización de datos no es una actividad única. A medida que la organización y sus estrategias evolucionen, las necesidades de alfabetización en datos también cambiarán. Un enfoque con visión de futuro para los planes de alfabetización de datos para esta evolución mediante la integración de la flexibilidad en el proceso y el fomento de una cultura de aprendizaje continuo.

Al mejorar la alfabetización en datos, su organización no solo democratiza los datos, sino que también equipa a su equipo con las habilidades para navegar en un futuro impulsado por los datos. Cada individuo alfabetizado se convierte en un pilar del cambio cultural, ya que utiliza datos en sus funciones e influye en otros para que hagan lo mismo, fomentando finalmente una cultura organizacional verdaderamente basada en datos.

5. Principios para la democratización de los datos

5.1 Adoptar una cultura de transparencia

En la era de la democratización de los datos, uno de los principios más integrales es fomentar una cultura de transparencia dentro de la organización. La idea es simple, pero increíblemente poderosa: cuanto más accesibles y claros sean los datos, mejor informado estará el proceso de toma de decisiones.

Comprender la transparencia de los datos

La transparencia de los datos se refiere a las acciones y políticas que aumentan la disponibilidad y claridad de los datos. Se trata de hacer que los datos sean accesibles a todos los miembros de una organización, para que puedan estudiarlos, interpretarlos y tomar decisiones.

En primer lugar, es fundamental comprender la amplitud y profundidad de la transparencia de los datos. No se refiere simplemente a hacer que los números estén disponibles. Más que eso, otorga importancia a garantizar que esas cifras (los datos) sean fáciles de entender, interpretar y utilizar. Aún más crítico es el hecho de que los datos deben ser confiables, precisos y alineados con los hechos sobre el terreno.

La importancia de la transparencia de los datos

La transparencia de los datos tiene una importancia primordial en los campos empresariales donde las decisiones críticas se basan en datos complejos. Puede servir como punto de control de la exactitud y la buena gobernanza de los datos. Además, puede fomentar la confianza entre los miembros de la organización, las partes interesadas y partes externas como clientes y clientes. Además, la transparencia de los datos también puede mejorar la eficiencia. Cuando los datos están fácilmente disponibles y accesibles, se reduce el tiempo necesario para recopilarlos, procesarlos y extrapolarlos. También fomenta la toma de decisiones basada en datos en todos los niveles de la organización, lo que puede conducir a una estrategia y ejecución más eficientes.

Pasos hacia la transparencia de datos

Para las organizaciones que desean inculcar transparencia en los datos, aquí hay algunos pasos críticos a considerar:

1. **Hacer que el acceso a los datos sea ubicuo:** la idea básica de la democratización de los datos gira en torno a tenerlos a disposición de todos. Esto implica que los datos deben ser accesibles a cualquiera que quiera utilizarlos. Ya sea que se trate de científicos de datos que escriben consultas complejas o gerentes que trabajan en informes, deben tener fácil acceso a los datos para realizar su trabajo de manera eficiente.
2. **Asegúrese de que los datos sean comprensibles:** no basta con tener los datos. Es igualmente importante hacerlo comprensible. Esto incluye tener etiquetas claras de los conjuntos de datos, metadatos completos, formatos fácilmente legibles y explicaciones completas disponibles.
3. **Mantenga la precisión de los datos:** sin datos precisos y confiables, las decisiones tomadas podrían tener impactos adversos. Deben existir sistemas para

auditar, limpiar y verificar periódicamente los datos para mantener su precisión.

4. **Capacitar y educar:** solo se puede lograr una cultura de transparencia si todos comprenden y valoran la importancia de los datos. Se deben organizar sesiones educativas y de capacitación integral para garantizar que todos sepan cómo usar e interpretar los datos.

5. **Garantice la privacidad y la seguridad:** mientras lucha por la transparencia, la privacidad y la seguridad no deben verse comprometidas. Las políticas adecuadas de gestión y gobierno de datos pueden garantizar que los datos confidenciales estén bien protegidos.

En conclusión, fomentar una cultura de transparencia es un principio esencial de la democratización de los datos. Fomenta la toma de decisiones informada y eficiente, fortalece la confianza interna y externa y mejora el desempeño empresarial general. Sin embargo, las organizaciones deben abordar este proceso de manera estratégica, equilibrando la transparencia con la seguridad y privacidad de los datos.

5.1 Comprender la naturaleza de la democracia de datos

La democracia de datos, en esencia, significa brindar a las personas la capacidad de acceder, interpretar y utilizar datos de forma independiente. Se trata de eliminar las barreras en el uso y la distribución de datos, haciendo que los datos sean más accesibles para todas las personas, independientemente de su experiencia técnica. Comprender esta naturaleza de la democracia de datos es el primer principio que empoderará a cualquier organización, ya sea grande o pequeña.

5.1.1 Garantizar la precisión y la transparencia de los datos

Un aspecto clave para una democratización de datos exitosa es garantizar la precisión y transparencia de los datos compartidos. Esto implica verificar la fuente de los datos y asegurarse de que estén actualizados y sean relevantes para los usuarios previstos. Los datos transparentes y precisos brindan a las personas la confianza para tomar decisiones basadas en datos sin temor a discrepancias o interpretaciones erróneas.

5.1.2 Fomento de una cultura de datos

La democratización de los datos no se puede lograr de la noche a la mañana. Requiere fomentar una cultura de datos dentro de la organización donde cada persona, desde la gerencia de alto nivel hasta los empleados de primera línea, comprenda el valor de los datos y su potencial para impulsar los resultados comerciales. Los tipos de datos, las formas de acceder a ellos y usarlos, la importancia de la privacidad y el cumplimiento de los datos, todo debe estar arraigado en las políticas y prácticas de gobierno.

5.1.3 Fomento de la alfabetización de datos

Es importante garantizar que los datos sean accesibles, pero si las personas no entienden cómo usar o interpretar los datos, el concepto de democratización es inútil. Las organizaciones deben invertir en mejorar la alfabetización de datos entre todos los niveles de empleados a través de programas de capacitación integrales. Esto incluye enseñarles cómo hacer las preguntas correctas, cómo manipular datos para obtener información y cómo utilizar diversas herramientas de análisis y visualización de datos.

5.1.4 Implementación de las herramientas y la tecnología adecuadas

En un entorno de datos democrático, los datos deben estar disponibles de manera que las personas puedan comprenderlos fácilmente y utilizarlos en su beneficio. En este caso, no se puede subestimar el papel de las herramientas y la tecnología adecuadas. El software o plataforma adecuada debe ser capaz de recopilar, procesar, almacenar, analizar y visualizar los datos, facilitando a las personas comprenderlos y trabajar con ellos.

5.1.5 Priorizar la seguridad de los datos

Si bien la democratización de los datos fomenta el libre flujo de información, no significa que todos los datos deban estar disponibles para todos. Existe una clara necesidad de mantener un equilibrio entre la transparencia del acceso a los datos y la privacidad y seguridad de los datos. Por lo tanto, las organizaciones deben implementar medidas de seguridad sólidas como control de acceso, cifrado y anonimización, garantizando que solo las personas autorizadas puedan acceder a datos específicos.

5.1.6 Mantenimiento de estándares éticos

Democratizar los datos no significa ignorar los aspectos éticos. Es necesario respetar la privacidad individual y proteger la información confidencial. La práctica de garantizar el cumplimiento ético debe ser parte de la estrategia de datos de la organización para evitar el uso indebido o el abuso de los datos.

En el camino hacia la democratización de los datos, cada organización puede enfrentar desafíos únicos basados en sus prácticas de datos pasadas, su estructura organizacional, su cultura y sus normas industriales. Al apegarse a estos principios, una organización puede superar estos obstáculos y realmente empoderar a sus individuos para impulsar cambios productivos basados en datos. Recuerde siempre que un enfoque democrático de los datos empresariales no significa menos control, sino más bien "empoderamiento controlado". El objetivo final es crear un entorno en el que cada individuo de una organización pueda aprovechar los datos en todo su potencial, transformando así los datos en un activo valioso y democratizado.

5.5 Adoptar un enfoque ascendente

Para avanzar en la democratización de los datos en cualquier organización, es esencial adoptar un enfoque ascendente. Con este enfoque, cada individuo en todos los niveles de una organización se convierte en parte de la iniciativa. El enfoque ascendente permite a los empleados de diferentes niveles participar activamente en el proceso de democratización y comprender el valor de los datos.

Comprender el enfoque de abajo hacia arriba

Fundamentalmente, el enfoque ascendente implica comenzar con el nivel más pequeño o más simple de detalles y avanzar hacia la cima. En el contexto de la democratización de los datos, implica empoderar a todos los empleados para que accedan e interpreten los datos, independientemente de su rango en la organización.

Cuando los datos son manejados y procesados únicamente por personas específicas o un departamento en particular, a menudo se produce una situación de cuello de botella. Esto impide que los datos y los conocimientos se utilicen en todo su potencial. En consecuencia, el proceso de toma de decisiones organizacional se ve afectado. Pero al promover una cultura de acceso y análisis de datos en todos los niveles de la organización, este cuello de botella se puede mitigar.

Beneficios de adoptar un enfoque ascendente

La adopción de un enfoque ascendente para la democratización de los datos garantiza que todos en la organización comprendan su papel en el manejo y la gestión de datos. Algunos de los beneficios que conlleva la incorporación de este marco incluyen:

- **Toma de decisiones mejorada:** cuando todos en la organización tienen acceso a los datos, están bien equipados para tomar decisiones informadas y efectivas. Los conocimientos adquiridos a partir de los datos permiten a las personas de todos los niveles contribuir a la toma de decisiones estratégicas.
- **Innovación:** a medida que más cerebros analizan los datos, aumenta la probabilidad de innovación. Pueden surgir nuevas perspectivas, ideas y soluciones cuando un grupo diverso de personas analiza el mismo conjunto de datos.

- **Mayor agilidad:** un flujo de información más fluido permite que los equipos sean más ágiles. Pueden reaccionar rápidamente a los cambios en los datos y ajustar sus estrategias en consecuencia.
- **Empoderamiento de los empleados:** en un enfoque ascendente, los empleados se sienten más valorados, ya que participan directamente en procesos organizacionales vitales. Este sentido de implicación y reconocimiento fomenta el sentido de responsabilidad, contribuyendo a la satisfacción laboral y la productividad.

Implementación de un enfoque de abajo hacia arriba

Implementar un enfoque ascendente requiere un cambio en la cultura y la mentalidad de una organización, junto con el conjunto adecuado de herramientas que permitan a los empleados acceder y analizar datos. Los siguientes pasos son fundamentales para lograrlo:

- **Promover una cultura de acceso a datos:** para garantizar que cada empleado, independientemente de su departamento o antigüedad, se sienta capacitado para acceder a datos relevantes, fomente una cultura organizacional que respalde activamente el acceso a datos.
- **Invierta en herramientas fáciles de usar:** implemente herramientas que permitan a personas con poca o ninguna habilidad técnica acceder, analizar e interpretar datos. El software intuitivo y fácil de usar fomenta la exploración de datos en todas las facetas de su organización.
- **Proporcionar capacitación y soporte continuos:** Proporcionar recursos y sesiones de capacitación

periódicas mantendrá la calidad de la interpretación de los datos y disipará cualquier intimidación que los empleados puedan tener hacia el manejo de datos.

- **Establecer una gobernanza de datos sólida:** para evitar el mal uso o la mala interpretación de los datos, establezca una estrategia integral de gobernanza de datos. Esto incluiría definir claramente las funciones, responsabilidades y rendición de cuentas relacionados con los datos.

La democratización de los datos es una iniciativa que lo abarca todo. La adopción de un enfoque ascendente ofrece un camino para que las organizaciones aprovechen plenamente los beneficios de la democratización de los datos, creando un entorno que fomente el aprendizaje, la mejora y la innovación continuos, contribuyendo significativamente al crecimiento y éxito general del negocio.

5.1 Promoviendo la transparencia en su organización

Un principio clave asociado con la democratización de datos es la transparencia, que es fundamental para fomentar una cultura de confianza y apertura en su organización. La transparencia significa esencialmente hacer que la información sea accesible, comprensible y utilizable para todos los usuarios dentro de una organización. En este contexto, la información se refiere a los elementos de datos importantes que son críticos para las operaciones y estrategias de una organización.

Cuando los datos están bloqueados o solo son accesibles a unos pocos elegidos, se genera un entorno de desconfianza y se limita el pensamiento innovador. Sin embargo, cuando los datos se democratizan y son accesibles para todos, se empodera a toda la fuerza laboral, se promueven sinergias interfuncionales y se crean numerosas oportunidades de innovación.

Medir y mantener la transparencia

La transparencia se puede medir por la facilidad con la que los miembros de la organización en todos los niveles pueden acceder a los datos y comprenderlos. Qué tan bien los empleados comprenden los datos que utilizan diariamente en sus funciones, qué tan rápido pueden acceder a los puntos de datos deseados y qué tan intuitivamente pueden navegar a través del lago o repositorio de datos de la organización, son todos indicadores de transparencia.

Mantener la transparencia no es un acto único sino un proceso continuo. Implica:

- **Sistemas de acceso a datos fáciles de usar** : implemente pasos intuitivos y fáciles de usar para acceder a los datos. Debe tener en cuenta tanto a los usuarios técnicos como a los no técnicos. Es necesario realizar sesiones de capacitación para ayudar a los empleados a comprender y utilizar este sistema de manera efectiva.
- **Control de calidad** : garantizar constantemente la calidad de los datos es esencial. La inconsistencia, redundancia o inexactitud de los datos pueden llevar a decisiones o conocimientos erróneos. Se recomienda utilizar herramientas o servicios de gestión de calidad de datos para obtener datos precisos y confiables.
- **Gobernanza de datos** : Establezca una política sólida de gobernanza de datos para garantizar que los datos democratizados estén bien administrados,

protegidos y utilizados de manera controlada. La política debe incluir detalles sobre las responsabilidades de los usuarios, controles de acceso, estándares, privacidad e incluso un proceso para resolver problemas de datos.

- **Mecanismo de retroalimentación** : anime a los empleados a brindar retroalimentación sobre cuestiones relacionadas con los datos. Ya sea que se trate de la claridad de los datos o de la funcionalidad de su sistema de datos, una comunicación fluida garantizará mejoras continuas.

Beneficios de promover la transparencia

La transparencia puede ser transformadora para una organización. Éstos son algunos de los beneficios:

- **Fomenta la innovación** : cuando cada individuo tiene acceso a los datos de la organización, puede encontrar soluciones creativas para resolver problemas existentes o desarrollar nuevas estrategias.
- **Resolución y toma de decisiones** : como todos los empleados tienen acceso a los mismos datos, todos tienen las mismas oportunidades de generar ideas, garantizar una resolución más rápida de los problemas y contribuir al proceso de toma de decisiones.
- **Eficiencia** : Todos pueden acceder a los datos que necesitan sin esperar luz verde de sus superiores, ahorrando tiempo y aumentando la productividad.
- **Oportunidades de aprendizaje** : el acceso a datos de diferentes sectores dentro de la organización puede ser una gran oportunidad de aprendizaje y ayudar al crecimiento general.

Sin embargo, si bien la transparencia tiene numerosos beneficios, también es necesario garantizar la privacidad de los datos sensibles. Esto se puede lograr empleando métodos sólidos de protección de datos, preservando los beneficios de la transparencia y al mismo tiempo garantizando la seguridad de los datos confidenciales.

En conclusión, un sistema transparente es un principio crucial en la democratización de los datos. No solo mejora la productividad y la eficiencia, sino que también fomenta una cultura de confianza, aprendizaje y colaboración entre los empleados de una organización. Sin embargo, es esencial recordar que la transparencia debe regirse por marcos sólidos de protección y gobernanza de datos para evitar el uso indebido de los mismos. Al equilibrar la transparencia y la seguridad, las organizaciones pueden fomentar la innovación y el crecimiento en un entorno seguro y colaborativo.

5.1 La democratización comienza con la cultura de los datos

Antes de entrar en los detalles de la democratización de los datos, primero debemos abordar el principio fundamental que la sustenta y la permite: el cultivo de una cultura de datos sólida. La democratización de los datos no se trata simplemente de proporcionar acceso a los datos; se trata de fomentar un entorno donde los datos se valoren y comprendan como una herramienta crítica para la mejora organizacional, independientemente del puesto o departamento. Este tipo de mentalidad no se forma de la noche a la mañana, sino que surge de un compromiso persistente de dotar de datos a todos los miembros de la organización.

¿Por qué es importante la cultura de datos?

La cultura de datos no se trata sólo de tener un conjunto de herramientas y tecnologías a tu disposición; se trata de cómo las personas dentro de una organización perciben y utilizan los datos en sus flujos de trabajo diarios.

En una cultura de datos sólida:

- **Los datos son de confianza.** La confianza es crucial para una cultura de datos próspera. Cuando las personas confían en los datos con los que trabajan, es más probable que los utilicen para impulsar la toma de decisiones. Por lo tanto, las organizaciones deben asegurarse de que los datos sean precisos, estén protegidos y se actualicen periódicamente.
- **Los datos son accesibles.** Si los datos se limitan a individuos o departamentos específicos dentro de la organización, se crean silos de conocimiento. Una cultura de datos sólida garantiza que todos los empleados puedan acceder a los datos que necesitan, cuando los necesitan.
- **Se prioriza la alfabetización de datos.** La democratización requiere alfabetización en datos, la capacidad de todos los miembros de una organización para comprender, analizar y comunicarse con los datos. Esto incluye habilidades básicas como comprender los métodos de recopilación de datos y cómo interpretar visualizaciones, hasta habilidades más avanzadas como el análisis estadístico.
- **Los datos se utilizan regularmente en los procesos de toma de decisiones.** Una cultura de datos ve los datos no como un elemento opcional, sino como una parte crítica de la toma de decisiones. Desde decisiones simples hasta grandes planes

estratégicos, todos están respaldados por datos relevantes.

¿Cómo fomentar una cultura de datos sólida?

Cultivar una cultura de datos democrática requiere esfuerzos concertados en toda la organización. Aquí hay cuatro estrategias clave:

- **Gestión del cambio** : la transición de una cultura de datos tradicional a una democratizada puede resultar desalentadora. Requiere fuertes habilidades de gestión del cambio. Desarrolle una visión clara de cómo la democratización de los datos puede beneficiar a su organización y comunique este cambio de manera efectiva.
- **Capacitación y educación** : proporcione recursos para ayudar a los miembros del equipo a desarrollar sus habilidades de alfabetización en datos. Recuerde, la democratización no es posible si su fuerza laboral no puede comprender y analizar los datos disponibles.
- **Cree un equipo de datos** : considere formar un equipo que se dedique a manejar la gestión y el gobierno de datos y brindar asistencia a otras personas que puedan estar menos familiarizadas con el uso de herramientas de datos.
- **Comentarios e iteración** : mantenga abiertas las líneas de comunicación y agradezca los comentarios. Esté preparado para repetir sus estrategias y cambiar de rumbo si es necesario.

Recuerde, la democratización de los datos no es un proyecto único; es un proceso iterativo que evoluciona con la organización. Sus estrategias deben ser lo suficientemente flexibles para adaptarse a los nuevos avances en tecnología y cambios dentro de la organización o industria. Sin embargo, el objetivo siempre debe ser el mismo: poner los datos en manos de quienes puedan obtener valor de ellos.

Al desarrollar una cultura de datos sólida, su organización está sentando las bases para una democratización de datos exitosa. Con el poder de una cultura que valora los datos, las personas pueden utilizarlos para impulsar la toma de decisiones, inspirar la innovación y generar conocimientos que impulsen a la organización hacia adelante.

6. Desafíos importantes en la democratización de los datos

6.1 Comprender la complejidad y superar los silos de datos

La naturaleza compleja de los datos es uno de los desafíos más importantes en la democratización de los datos. Los datos son complejos y esencialmente impulsan todos los componentes de una organización. La democratización de los datos implica ponerlos a disposición de todos en una organización en particular, independientemente de su rango o posición. Si bien en teoría parece sencillo, en la práctica permitir que todos accedan y utilicen los datos no es una tarea sencilla. La complejidad surge del volumen, la velocidad y la variedad de los datos, también conocidos como las 3V de los datos.

El volumen se refiere a la gran cantidad de datos generados y almacenados en diferentes partes de la organización. Cada parte de una empresa, desde la logística y las finanzas hasta el marketing y el servicio al cliente, produce grandes cantidades de datos diariamente. Sin sistemas de datos sofisticados y una capacitación adecuada, puede resultar complicado gestionar este volumen de datos, lo que genera sobrecargas de datos y caos informativo.

La velocidad se trata de la alta velocidad a la que se generan los datos. En el mundo digital actual, las empresas producen datos a una velocidad vertiginosa: cada clic, vista o interacción con un servicio digital produce datos. Con una generación de datos tan rápida, las empresas pueden tener dificultades para procesar y analizar datos de manera oportuna y eficiente si no cuentan con una infraestructura adecuada.

Variedad significa diferentes tipos de datos. Las empresas manejan datos estructurados (como bases de datos) y datos no estructurados (como correos electrónicos, publicaciones en redes sociales) simultáneamente. La diferencia significativa en naturaleza y formato entre los diferentes tipos de datos contribuye a la complejidad de los datos. Por lo tanto, resulta necesario contar con empleados capacitados para manejar, comprender y extraer información significativa de estos diferentes tipos de datos, lo cual es un desafío en sí mismo.

Otro problema importante vinculado con la democratización de los datos son los silos de datos. Los silos de datos son esencialmente sistemas o repositorios de datos independientes que están bajo el control de un departamento particular dentro de una organización y están aislados del resto de la organización. Estas fuentes de datos segregadas dificultan lograr una visión unificada de los datos o obtener información óptima de ellos.

Los departamentos, por diversas razones, a menudo mantienen sus datos aislados. Esto podría deberse a dificultades técnicas, competencia entre departamentos o un nivel de desconfianza entre los diferentes departamentos. Independientemente de las razones subyacentes, los silos de datos crean varios problemas, como impedir el flujo fluido de información en una organización y desperdiciar conocimientos valiosos que podrían derivarse de un análisis de datos integral e interdepartamental.

Tanto la complejidad de los datos como los silos de datos se pueden superar con una estrategia de datos sólida. Esta estrategia debe incluir las plataformas de datos adecuadas, una capacitación adecuada para que los empleados comprendan y utilicen los datos de manera efectiva y un cambio en la cultura organizacional que fomente el intercambio y la utilización abiertos de los datos. Al abordar estos desafíos, la democratización de los datos puede realmente empoderar a una organización y facilitar la toma de decisiones basada en datos en todos los niveles.

6.1 Navegando por la maraña de reglas de seguridad y privacidad de datos

Uno de los desafíos más importantes que enfrentan las organizaciones en la búsqueda de democratizar los datos es garantizar la privacidad de los datos y cumplir con las normas de seguridad. El panorama actual de la legislación global y local está lleno de complejidades y ambigüedades sobre cómo las empresas deben gestionar, recopilar y procesar datos. La superposición entre los intereses corporativos, los derechos de privacidad individuales y la seguridad nacional hace que la situación sea aún más multifacética.

En la era de la democratización de los datos, la privacidad de los datos no es sólo una cuestión de discreción: es un deber vinculante. El vasto rastro digital de identificadores personales, historial de transacciones, datos de ubicación, información demográfica y conocimientos de comportamiento se han convertido en un objetivo para los ciberdelincuentes. En este sentido, se han creado regulaciones estrictas de protección de datos, como el Reglamento General de Protección de Datos (GDPR) en Europa y la Ley de Privacidad del Consumidor de California (CCPA) en los Estados Unidos, para imponer controles estrictos sobre cómo se manejan los datos de los consumidores.

Si bien estas leyes ayudan a establecer un estándar para proteger los datos personales, su introducción presenta grandes desafíos para las empresas que intentan democratizar sus datos. Ahora deben navegar por las difíciles aguas de recopilar, compartir y analizar datos de forma legal en toda la organización, al tiempo que se aseguran de proteger la privacidad de las personas. Si una organización no cumple con las regulaciones, podría enfrentar multas abrumadoras y graves daños a su reputación.

Sin embargo, los riesgos que plantean estas obligaciones no sólo se derivan de la responsabilidad legal sino también de la posible vulnerabilidad de los propios datos. Si los datos de una organización caen en las manos equivocadas, las consecuencias podrían ser desastrosas, provocando daños a la reputación y pérdidas financieras. Las organizaciones que democratizan los datos deben incorporar medidas de seguridad sólidas en el ciclo de vida de los datos, asegurando que los datos estén protegidos cuando están en reposo, en movimiento y en uso.

Los desafíos específicos en este ámbito incluyen:

- **Sobreprotección de datos** : contrariamente a la intuición, un énfasis excesivo en la seguridad de los datos podría obstruir el progreso de la democratización de los datos. La sobreprotección puede conducir a controles de acceso excesivos, lo que dificulta la capacidad de los empleados de toda la organización para acceder y analizar datos.
- **Falta de capacitación de los empleados** : no todos los empleados conocen las leyes y regulaciones de privacidad que rigen el uso de sus datos. Sin la capacitación adecuada, es posible que manejen mal los datos y provoquen infracciones accidentales que podrían haberse evitado.
- **Equilibrar la accesibilidad con la seguridad** : Equilibrar la necesidad de accesibilidad de los datos con estrictas medidas de seguridad suele ser una tarea delicada. Si bien abrir de par en par las puertas de los datos promueve la democratización, también aumenta la vulnerabilidad de los datos. Por otro lado, los controles estrictos sobre los datos pueden impedir la capacidad de la organización para extraer valor de sus datos.

Para superar estos desafíos, las organizaciones deben adoptar un enfoque de privacidad desde el diseño, incorporando medidas de privacidad en su tecnología, operaciones y estrategias comerciales desde el principio. Para acompañar esto, la creación de una sólida cultura de ética y privacidad de los datos ayudará a garantizar el cumplimiento en todos los niveles y facilitará la democratización de los datos segura y efectiva. También se recomienda invertir en tecnologías avanzadas, como herramientas automatizadas de privacidad de datos y técnicas de cifrado.

En conclusión, aunque navegar por la maraña de reglas de seguridad y privacidad de datos es una tarea desalentadora, es una necesidad en el mundo actual impulsado por los datos. Al tratar la privacidad y la seguridad como piedras angulares de la democratización de los datos en lugar de obstáculos, las organizaciones pueden lograr un equilibrio sostenible, empoderando a su gente y al mismo tiempo protegiendo los activos críticos.

6.1 Superar los silos de datos

Uno de los desafíos fundamentales en la búsqueda de la democratización de los datos es la existencia de silos de datos. Para entender mejor esto, primero debemos definir cuáles son. Los silos de datos son estructuras que existen cuando diferentes departamentos o grupos dentro de su organización tienen datos que no comparten con otros. En términos menos llenos de jerga, se trata esencialmente de acumular datos en diferentes rincones de su organización. Estos silos obstaculizan el flujo fluido de datos en toda la organización, restringiendo así su acceso a unos pocos grupos o individuos seleccionados.

Además, estos silos de datos podrían ser tecnológicos, donde diferentes departamentos utilizan sistemas y software incompatibles, o culturales, donde no existe ningún incentivo o hábito de compartir datos entre equipos. Estas diferencias no solo impiden el flujo de información, sino que también generan inconsistencias, datos redundantes y la falta de una visión integral, todo lo cual impacta negativamente en la toma de decisiones.

Para superar los silos de datos, es fundamental establecer una cultura de transparencia y apertura en su organización. Requiere romper estos silos integrando fuentes de datos y desarrollando protocolos estandarizados para compartir datos. A veces, esto también puede requerir la adopción de nueva tecnología o software que permita una integración perfecta, una mejor organización y un mejor acceso a los datos.

Se requieren mayores esfuerzos de concientización y capacitación para alentar a los empleados a acceder y utilizar estos datos integrados. Para que la democratización de los datos prospere, los empleados de todos los niveles deben comprender el valor de los datos y poder utilizarlos de forma eficaz. Por lo tanto, los talleres y seminarios rutinarios sobre alfabetización en datos podrían ser una adición necesaria al calendario de capacitación de la organización.

6.2 Tratar la calidad de los datos

Otro obstáculo importante en el camino hacia la democratización de los datos es mantener y garantizar la calidad de los datos. Una organización puede tener acceso a cantidades astronómicas de datos, pero si esos datos son inexactos, engañosos o están desactualizados, no sirven de nada. Por el contrario, los datos de mala calidad podrían dar lugar a análisis erróneos y a una toma de decisiones errónea, lo que provocaría más daño que beneficio.

Garantizar la calidad de los datos comienza desde el momento en que los obtenemos. Se debe validar la precisión de los datos obtenidos antes de almacenarlos. Se debe tener cuidado de limpiar y preprocesar los datos periódicamente para eliminar inconsistencias, redundancias e imprecisiones. Además, se deben eliminar los datos obsoletos e irrelevantes para garantizar que los datos analizados reflejen las tendencias y escenarios actuales.

Para ello, una organización puede necesitar software y herramientas avanzados que puedan automatizar estos procesos de validación y limpieza de datos. Además, también podría requerir capacitar a su personal en técnicas de manejo y gestión de datos para garantizar un error humano mínimo.

En resumen, la democratización de los datos no está exenta de desafíos. Requiere un esfuerzo concertado en todos los niveles de la organización, desde la alta dirección que fomenta una cultura de intercambio de datos hasta el personal de nivel más bajo que comprende la importancia de los datos y su uso correcto. Sin embargo, con estrategias, herramientas y un plan de acción claro, estos desafíos pueden superarse en gran medida. Y como verá en capítulos siguientes, los beneficios superan con creces los obstáculos.

6.3 Navegando por consideraciones legales y éticas

La democratización de los datos plantea no sólo desafíos tecnológicos y organizativos, sino también legales y éticos. Varias leyes y regulaciones guían cómo las organizaciones pueden recopilar, almacenar, compartir y utilizar los datos. La violación de cualquiera de estos podría resultar en fuertes multas y daños a la reputación de la organización.

Las organizaciones deben estar atentas a las leyes de privacidad de datos, como GDPR en la Unión Europea o CCPA en California, que buscan ofrecer protección a los derechos de privacidad de las personas. Es esencial que todos los empleados que manejan datos comprendan sus deberes y responsabilidades en virtud de estas leyes. Esta educación debe incluir una comprensión de la importancia del consentimiento de los datos, las limitaciones del uso de los datos, los derechos individuales sobre sus datos y las responsabilidades de la organización con respecto a la seguridad de los datos y las violaciones de datos.

Aparte del panorama legal, las consideraciones éticas son primordiales cuando se trata de manejar datos. Si bien la ley puede permitir un uso particular de los datos, aún puede considerarse poco ético. Por lo tanto, es esencial fomentar una cultura ética en torno al uso de datos dentro de la organización. Debe guiar cómo se deben usar los datos de manera responsable, teniendo en cuenta el impacto en las personas y la sociedad en general.

Por lo tanto, es imperativo invertir tiempo y recursos en educación legal y ética, no solo para la alta gerencia, sino también para todos los empleados que manejan datos. Esto garantiza que la democratización de los datos se implemente de manera responsable y sostenible.

En el próximo capítulo, exploraremos cómo la democratización de datos está vinculada a los esfuerzos de transformación digital, un cambio fundamental que muchas organizaciones están adoptando hoy en día. Exploraremos estudios de casos, comprenderemos las ventajas y navegaremos las complejidades que se encuentran en la convergencia de estos vastos e importantes temas.

6.1 Superar los silos de datos y la fragmentación

La tarea de democratizar los datos es una promesa de superar las estructuras organizativas tradicionales que contribuyen a la formación de silos de información, donde los datos permanecen atrapados, inaccesibles y subutilizados. Uno de los obstáculos más profundos para la democratización de los datos es la fragmentación de los datos, a menudo conocida como "aislamiento de datos". Estos silos son depósitos de datos fijos a los que otras secciones y departamentos de una organización no pueden acceder. Los silos de datos son problemáticos porque restringen el flujo de datos, lo que hace imposible que varios grupos aprovechen información valiosa sobre los datos.

6.1.1 Implicaciones de los silos de datos

Los silos de datos no sólo restringen la circulación de datos dentro de una organización, sino que también contribuyen a una interpretación sesgada de los datos, la duplicación de esfuerzos y una toma de decisiones inexacta. A pesar de tener una gran cantidad de datos, es posible que las organizaciones no puedan aprovechar su verdadero potencial debido a los datos aislados. La naturaleza confinada y no compartida de los datos aislados conduce además a mayores complejidades en el análisis de datos, lo que impide la transición de una organización hacia operaciones y toma de decisiones basadas en datos.

6.1.2 Rompiendo los silos de datos

Por muy desafiante que sea, los silos de datos se pueden desmantelar para lograr la democracia de los datos. Unificar los sistemas de datos es crucial y se puede lograr mediante métodos como la planificación de recursos empresariales (ERP) o la gestión de relaciones con el cliente (CRM). Puede resultar útil adoptar herramientas de integración de datos, establecer un almacén de datos centralizado y promover una cultura empresarial respetuosa con los datos.

Las soluciones basadas en la nube también pueden desempeñar un papel vital a la hora de aliviar la fragmentación de datos al crear una única fuente de verdad (SSOT) disponible en toda la organización. Promueve el intercambio de datos en tiempo real, la colaboración y un proceso de toma de decisiones enriquecido.

Desarrollar canales abiertos de comunicación entre diferentes departamentos también ayuda a romper los silos de datos. Las interacciones frecuentes, combinadas con la tecnología adecuada, pueden facilitar sin problemas el intercambio de datos y la generación de conocimientos entre departamentos.

6.1.3 El papel de la gobernanza de datos

Las políticas de gobernanza de datos son fundamentales para gestionar la accesibilidad, la precisión y la privacidad de los datos. La implementación de un marco de gobernanza de datos sólido pero flexible garantiza que, si bien los datos estén ampliamente disponibles, también se supervise su calidad y seguridad. Ayuda a lograr un equilibrio al eliminar el uso malicioso de datos y promover el uso responsable de los datos, lo que contribuye a la evolución de la democracia de los datos.

Al asignar funciones y responsabilidades claras para la administración de datos, crear protocolos estrictos para el uso de datos y utilizar tecnología para implementar estas prácticas, las organizaciones pueden contrarrestar los problemas que surgen de los silos y la fragmentación de datos.

En conclusión, los silos de datos y la fragmentación representan desafíos importantes para la democratización de los datos. Sin embargo, al aplicar las estrategias correctas, usar herramientas avanzadas, promover la comunicación abierta y establecer marcos sólidos de gobernanza de datos, podemos superar estos obstáculos para ayudar al crecimiento de las organizaciones basadas en datos. Es un viaje continuo y meticuloso, pero las recompensas (crecimiento del negocio, mayor eficiencia y mejores habilidades para la toma de decisiones) bien valen el esfuerzo. Al eliminar los silos de datos, llevamos a las organizaciones un paso más cerca de convertirse en una verdadera democracia de datos.

6.1 Gestión de la calidad de los datos

Un aspecto vital que vale la pena señalar al adoptar la democratización de datos dentro de una organización es la gestión de la calidad de los datos. Simultáneamente, esto demuestra ser uno de los desafíos más importantes, ya que la responsabilidad de mantener la calidad de los datos se extiende más allá de los equipos de TI y datos y ahora involucra a todos los usuarios dentro de la organización.

La democratización de los datos significa dar acceso a todos, lo que incluye a aquellos que pueden carecer de la experiencia técnica para manejar los datos correctamente e interpretarlos con precisión. Cada miembro del equipo, independientemente de sus habilidades con los datos, debe ser responsable de la calidad de los datos. Esta situación puede resultar en inconsistencias, imprecisiones y, en consecuencia, datos de baja calidad, lo que contribuye a una toma de decisiones subóptima.

Además, los desafíos relacionados con la inconsistencia de los datos pueden surgir debido a la falta de prácticas estandarizadas de recopilación, procesamiento y análisis de datos. Sin prácticas estandarizadas, los conjuntos de datos pueden volverse inconsistentes debido a las variaciones en el manejo de los datos por parte de diferentes personas. Esto puede generar problemas de comparabilidad y compatibilidad al analizar e interpretar los datos.

Por lo tanto, garantizar la coherencia, precisión y confiabilidad de los datos se convierte en un obstáculo importante para las organizaciones que se aventuran en la democratización de los datos.

6.2 Preocupaciones de seguridad y privacidad

El riesgo de filtración y uso indebido de datos aumenta significativamente con el acceso a datos ampliamente distribuido en toda la organización. Equilibrar la transparencia de los datos y la privacidad se vuelve increíblemente desafiante. Las organizaciones deben garantizar que los datos confidenciales, como la información de identificación personal (PII), estén adecuadamente protegidos para evitar complicaciones legales y abuso de confianza con los clientes.

Además, puede haber diferentes niveles de sensibilidad de los datos según el departamento o función, y las organizaciones deben asegurarse de realizar un seguimiento de estas complejidades. No todos los datos pueden estar abiertos a todos los usuarios. Las organizaciones deben establecer controles de acceso sólidos capaces de distinguir qué datos son accesibles para qué grupo o individuos y limitar el acceso a los datos en consecuencia.

6.3 Alfabetización de datos

Otro desafío importante es fomentar una cultura de alfabetización de datos dentro de la organización. La alfabetización de datos se refiere a la capacidad de dar sentido, interpretar y utilizar los datos de manera efectiva. Si bien la democratización de los datos puede significar que todos tengan acceso a los datos, no significa necesariamente que todos sepan cómo aprovecharlos al máximo.

Los empleados necesitan una capacitación adecuada en el manejo de datos, comprender cómo abordar los datos, distinguir qué datos son relevantes y extraer información significativa de ellos. Es importante aumentar la tasa de alfabetización de datos entre los empleados, lo que puede requerir tiempo, inversión de recursos y un cambio en la cultura organizacional.

6.4 Infraestructura y herramientas

La democratización efectiva de los datos requiere herramientas e infraestructura de última generación capaces de manejar datos voluminosos. Las organizaciones necesitan invertir en el desarrollo de una infraestructura de análisis de datos avanzada que pueda almacenar, procesar y analizar enormes cantidades de datos.

Estas herramientas también deben ser fáciles de usar e intuitivas para usuarios no técnicos, con características como interfaces de arrastrar y soltar, paneles interactivos, procesamiento de lenguaje natural, generación automatizada de informes, etc. Estas herramientas exigen una inversión financiera sustancial y tiempo para capacitación. y adopción, lo que plantea desafíos considerables para muchas organizaciones.

6.5 Superar la mentalidad de silo

Una mentalidad de silo ocurre cuando varios departamentos o grupos dentro de una organización no desean compartir información con otros en la misma organización. Esta mentalidad puede obstaculizar seriamente el proceso de democratización, ya que restringe el flujo de datos e inhibe la colaboración.

Superar esta mentalidad y fomentar una cultura de datos abiertos y colaboración no es una tarea fácil y plantea un desafío importante en el camino de la democratización de los datos.

En conclusión, si bien la democratización de los datos ofrece ventajas significativas y permite a las organizaciones tomar decisiones basadas en datos, presenta varios desafíos. Las organizaciones deben abordar conscientemente estos desafíos para incorporar y aprovechar con éxito las estrategias de democratización de datos en sus operaciones.

7. Gobernanza de datos: una clave para democratizar los datos

7.1 Comprender la necesidad de la gobernanza de datos

La gobernanza de datos eficaz es esencial para la democratización de los datos. Es la columna vertebral que ayuda a las organizaciones a obtener conocimientos fiables y precisos a partir de sus datos que pueden aprovecharse para impulsar decisiones estratégicas. Para apreciar plenamente este pensamiento, es necesario comprender el concepto de gobernanza de datos, su importancia y cómo implementarlo de manera efectiva.

El gobierno de datos es un marco para gestionar la disponibilidad, usabilidad, integridad y seguridad de los datos dentro de una empresa. Es un conjunto de reglas y procesos que aseguran la coherencia, precisión, accesibilidad y protección de la información de la empresa.

Este marco proporciona a todos los miembros de la organización un acceso adecuado a los datos correctos, en el momento adecuado y en el formato correcto.

El gobierno de datos sirve como guardián y guardián de los datos de su organización, asegurando que sean confiables, relevantes y dignos de confianza. Realiza un seguimiento de quién está utilizando los datos, para qué se utilizan y garantiza que los datos no se vean comprometidos de ninguna manera. Sin un modelo de gobierno sólido, los datos permanecerán fragmentados y mal utilizados, lo que generará conocimientos engañosos y malas decisiones estratégicas.

Por lo tanto, la democratización de sus datos no se puede lograr sin implementar medidas efectivas de gobierno de datos. Lograr un acceso amplio y seguro a datos útiles y de alta calidad en su organización a menudo depende de la configuración y la consideración de su programa de gobierno de datos. Sin embargo, implementar el gobierno de datos puede ser una tarea importante.

7.1.1 Pasos para implementar la gobernanza de datos

Una estrategia robusta de gobierno de datos se puede ejecutar en varias etapas. Comience adquiriendo una comprensión profunda de los objetivos y tácticas de su empresa. Evaluar el estado actual de sus datos e identificar los principales desafíos que enfrenta la empresa debe ser el siguiente paso.

1. **Desarrolle un equipo sólido** : para comenzar con el gobierno de datos, las organizaciones deben reunir un equipo de profesionales que posean una

comprensión profunda del panorama de datos y las necesidades comerciales específicas.

2. **Defina metas y objetivos claros** : debe haber una articulación clara de lo que la organización espera lograr con sus datos. Esto puede variar desde el cumplimiento de los estándares regulatorios, la mejora de la calidad de los datos o la promoción del intercambio de datos entre divisiones.

3. **Cree un diccionario y catálogo de datos** : estas herramientas ayudan a mantener la coherencia en todo el panorama de datos. Un diccionario de datos contiene todas las definiciones de elementos de datos, sus significados y usos. Por otro lado, un catálogo de datos sirve como un inventario que detalla todos los activos de datos de la empresa, su ubicación y cómo se relacionan.

4. **Resuma el acceso a los datos y la autorización** : con la democratización de los datos, todas las partes interesadas deberían poder acceder a los datos. Pero esta apertura conlleva un riesgo. Por lo tanto, establecer reglas claras para el acceso y uso de datos es fundamental para evitar el mal uso.

5. **Implemente una estrategia de calidad de datos** : garantizar la calidad de los datos es clave para una gobernanza de datos exitosa. Los datos incorrectos o de mala calidad pueden llevar a conclusiones y decisiones equivocadas. Al monitorear continuamente la calidad de los datos, se pueden descubrir y rectificar los errores, las inconsistencias y las discrepancias.

6. **Monitorear y perfeccionar el enfoque** : incluso después de que se implemente el sistema, el monitoreo y el perfeccionamiento continuos deben ser parte de la estrategia para garantizar que el sistema evolucione con las necesidades dinámicas de la organización.

Al estructurar la gobernanza de datos de manera efectiva, las organizaciones pueden dar un paso significativo hacia la democratización de sus datos. No solo garantiza que los datos sean accesibles para más usuarios, sino que también garantiza que sean confiables y seguros. A medida que las organizaciones se adaptan constantemente a los cambios, la gobernanza de datos eficaz sigue siendo una herramienta multipropósito esencial que facilita la democratización de los datos y ayuda a las organizaciones a tomar decisiones más informadas. Con una comprensión profunda y una ejecución adecuada del gobierno de datos, su organización estará bien encaminada hacia la democratización exitosa de los datos.

7.1 Comprensión de los elementos centrales de la gobernanza de datos

Para democratizar eficazmente los datos dentro de su organización, es fundamental comprender los fundamentos de la gobernanza de datos. Es una puerta de entrada esencial para hacer que los datos sean accesibles y utilizables para todos en la organización, al tiempo que garantiza la integridad, confidencialidad y calidad de los datos.

7.1.1 Calidad de los datos

La calidad de los datos consiste en garantizar que los datos sean precisos, coherentes y actualizados en todos los puntos de contacto de la organización. Implica limpieza de datos, integración de datos, enriquecimiento de datos y métodos de validación de datos para proporcionar información confiable que pueda usarse para una toma de decisiones efectiva.

7.1.2 Seguridad de los datos

La democratización de los datos tiene sus propios desafíos, como posibles violaciones de datos, acceso no autorizado y uso indebido de los datos. Como parte de la gobernanza de datos, la seguridad de los datos garantiza que solo personas autorizadas puedan acceder a ellos y que existan salvaguardas para proteger la privacidad y la confidencialidad. Esto puede implicar protocolos como cifrado de datos, auditorías de rutina y controles de acceso estrictos.

7.1.3 Privacidad y cumplimiento de datos

A medida que se democratizan los datos, se vuelve aún más importante garantizar la privacidad de los datos y el cumplimiento de leyes y regulaciones como GDPR y CCPA. La implementación de medidas proactivas de privacidad de datos, como la anonimización y seudonimización de datos, es crucial para garantizar que la información confidencial no se vea comprometida.

7.1.4 Accesibilidad de datos

El objetivo final de la democratización de los datos es hacer que los datos sean accesibles a todos los empleados, independientemente de sus conocimientos técnicos. La idea es proporcionar un sistema sencillo y bien definido para acceder a los datos en un formato fácil de entender. Esto requiere un sistema de catalogación de datos sólido, paneles de control intuitivos y herramientas de visualización de datos fáciles de usar.

7.1.5 Gestión de datos

La administración de datos implica la asignación de responsabilidades por el contenido, el contexto y las reglas comerciales asociadas de los datos. Designar administradores de datos para que actúen como un puente entre TI y el negocio puede ayudar a garantizar que los datos sigan siendo relevantes, confiables y de fácil acceso.

7.2 Implementación de un marco de gobierno de datos

Construir e implementar un marco de gobierno de datos es clave para una estrategia de democratización de datos efectiva.

7.2.1 Definir objetivos claros

El primer paso es identificar lo que quiere lograr a través de la democratización y el gobierno de datos. Podría ser garantizar la calidad de los datos, mejorar la visibilidad de los datos, lograr el cumplimiento normativo, impulsar la transformación digital o todo lo anterior.

7.2.2 Establecer roles y responsabilidades

Ya se trate de los propietarios de datos que son responsables de la calidad de los datos, los administradores de datos que supervisan su uso o los custodios de datos que controlan el acceso, definir claramente el rol de todos es crucial.

7.2.3 Establecer políticas y procedimientos de gobernanza

Establecer políticas de gestión de datos en torno al cumplimiento legal, la protección de datos, la calidad de los datos y la accesibilidad de los datos. Estos protocolos regirán cómo se crean, mantienen y utilizan los datos dentro de la organización.

7.2.4 Crear un equipo de gobernanza de datos

Reúna un equipo dedicado de administradores de datos, arquitectos de datos, responsables de cumplimiento y ejecutivos comerciales. Su tarea es guiar y supervisar la estrategia de gobernanza de datos.

7.2.5 Monitorear, medir y refinar

El gobierno de datos no es un proyecto de una sola vez, sino un proceso continuo. Supervise el rendimiento de su programa de gobierno de datos, mida su eficacia y refínelo según sea necesario.

Al incorporar principios y procesos de gobierno de datos, puede administrar y controlar mejor sus datos. Esto, a su vez, impulsará la democratización de los datos al hacer que los datos sean más accesibles en toda su organización, lo que permitirá mejorar la colaboración, la toma de decisiones y el crecimiento empresarial.

7.2 Creación de un marco de gobernanza de datos: una herramienta para el empoderamiento

En el ámbito de la democratización de los datos, un aspecto integral es el establecimiento de un marco sólido de gobernanza de datos. Esto se refiere al sistema de derechos de decisión y responsabilidades para procesos relacionados con la información, llevado a cabo para apoyar y permitir la estrategia general de una organización. Esencialmente, es un enfoque estructurado para gobernar, gestionar y utilizar los datos de la organización de una manera que mantenga la calidad, la integridad y la seguridad mientras se maximiza el valor de los datos en la toma de decisiones.

¿Por qué es importante un marco de gobernanza de datos?

El objetivo principal de un marco de gobernanza de datos es garantizar que los datos se gestionen como un activo organizacional valioso e integrado. Con el volumen y la complejidad cada vez mayores de los datos en los entornos empresariales actuales, la necesidad de un marco sólido de gobernanza de datos se ha vuelto esencial. Este es el por qué:

1. **Datos confiables y confiables:** garantiza la integridad, calidad y confiabilidad de los datos en toda la organización, infundiendo confianza en los datos y promoviendo su uso generalizado en la toma de decisiones.
2. **Cumplimiento normativo:** con los cambiantes panoramas legales y comerciales, las empresas deben garantizar el cumplimiento normativo en los procesos de manejo de datos. Una política de gobernanza sólida ayuda a cumplir con las leyes y regulaciones en evolución.
3. **Gestión de riesgos:** la gobernanza de datos eficaz ayuda a identificar y gestionar los riesgos asociados con la mala gestión de datos. Establece medidas de

seguridad para proteger la información confidencial, evitando violaciones de datos.

4. **Mejor toma de decisiones:** cuando la información se rige de manera adecuada, las organizaciones pueden aprovechar los datos para impulsar conocimientos procesables, promoviendo la toma de decisiones basada en evidencia.

Pasos para crear un marco de gobernanza de datos

La construcción de un marco de gobernanza de datos eficaz es un proceso continuo y exige colaboración y compromiso de todos los niveles dentro de la organización. A continuación se detallan pasos importantes que le ayudarán a crear un marco de gobernanza de datos confiable:

1. **Defina los objetivos:** comience identificando los problemas comerciales específicos que desea resolver. ¿Está mejorando la calidad de los datos? ¿Garantizar el cumplimiento normativo? Adapte su estrategia de gobierno de datos para respaldar sus objetivos comerciales.
2. **Identificar partes interesadas y establecer roles de gobernanza:** involucrar a las partes interesadas de toda la organización. Los roles pueden incluir propietarios de datos, administradores de datos, usuarios de datos y custodios de datos. Cada una de estas personas desempeña un papel crucial en el mantenimiento de la gobernanza de datos.
3. **Establezca políticas y estándares de datos:** diseñe e implemente políticas relacionadas con los datos que cubran áreas como el acceso a los datos, la seguridad, la privacidad y la calidad. Además, establezca estándares y definiciones de datos

coherentes para garantizar la uniformidad en toda la organización.

4. **Incorporar programas de capacitación y concientización:** incluso los planes mejor diseñados fracasan sin una implementación adecuada. Llevar a cabo programas periódicos de capacitación y concientización para educar a todos en la organización sobre la importancia del gobierno de datos y su papel en él.

5. **Monitorear y evaluar:** una vez que el marco esté implementado, implemente métricas e indicadores clave de desempeño (KPI) para evaluar su efectividad. La evaluación periódica ayuda a modificar los elementos necesarios y garantiza que el programa evolucione con las necesidades cambiantes del negocio.

Así como un gobierno sólido es fundamental para una comunidad próspera, la gobernanza de datos eficaz garantiza que una organización pueda aprovechar al máximo sus valiosos activos de datos. En esencia, el gobierno de datos es la piedra angular para la democratización de los datos, donde los datos seguros y de alta calidad están disponibles gratuitamente para quienes los necesitan, cuando los necesitan, en un formato que pueden utilizar. Recuerde, el gobierno de datos no se trata solo de reglas y protocolos; más bien, es un medio para desbloquear el verdadero potencial de los datos para el mejoramiento de toda la organización.

7.1 El imperativo de implementar el gobierno de datos

La gobernanza de datos ocupa un lugar central en el esfuerzo de cada organización por democratizar los datos. Esto se debe a que la fluidez de las operaciones de democratización de datos depende en gran medida de protocolos de gobernanza de datos claramente definidos. Básicamente, estos protocolos prescriben cómo las organizaciones deben recopilar, gestionar y almacenar datos, garantizando que se manejen de forma legal, ética y eficaz.

Antes de profundizar en las complejidades detalladas de las prácticas de gobierno de datos de su entidad, se vuelve indispensable comprender los principios fundamentales del gobierno de datos. La gobernanza de datos abarca tres dimensiones clave:

1. **Administración de datos:** esta faceta implica el monitoreo continuo y el mantenimiento de datos de alta calidad, libres de redundancias, inconsistencias e imprecisiones. Los administradores de datos a menudo asumen esta función crítica y tienen la responsabilidad de rectificar cualquier problema relacionado con la gestión de la calidad de los datos.
2. **Seguridad y cumplimiento de los datos:** además de gestionar la calidad de los datos, garantizar la seguridad de los datos y el cumplimiento de los requisitos normativos y de políticas internas se alinea con una gobernanza de datos eficaz. Esto es de suma importancia para salvaguardar la información confidencial de posibles amenazas y riesgos, fomentando así la confianza entre los usuarios de datos en el ecosistema organizacional.
3. **Accesibilidad y usabilidad de los datos:** si bien proteger los datos de las amenazas es crucial, garantizar su accesibilidad al personal autorizado también resulta igualmente vital para fomentar una cultura organizacional basada en datos. La

democratización de los datos depende de que los datos utilizables sean accesibles para quienes comprenden su pertinencia y pueden utilizarlos para impulsar el progreso empresarial.

Con una mirada más profunda, es evidente que la gobernanza de datos sirve como columna vertebral para implementar sus esfuerzos de democratización de datos. Sin embargo, introducir una estructura de gobernanza de datos eficaz exige una combinación de varios elementos:

1. **Designar entidades responsables:** una jerarquía transparente para las responsabilidades de gobernanza de datos ayuda a administrar los datos de manera efectiva. Asignar roles como propietarios de datos, administradores de datos y usuarios de datos ayuda a refinar el proceso de toma de decisiones con respecto a los datos y evita ambigüedades sobre las responsabilidades.

2. **Políticas elaboradas de protección de datos:** redacte políticas sólidas de protección de datos que se alineen con estándares regulatorios como GDPR, CCPA o HIPAA. La ausencia de tales políticas podría empañar la reputación de su organización y generar fuertes sanciones financieras en caso de una violación de datos.

3. **Implemente herramientas de administración de datos:** aproveche plataformas sofisticadas de administración de datos que no solo ayudan a administrar y salvaguardar los datos, sino que también ayudan a mejorar la accesibilidad y usabilidad de los datos.

4. **Educar y capacitar a los empleados:** organizar sesiones periódicas de capacitación y programas de concientización para educar a los usuarios sobre la privacidad, la protección y las prácticas éticas de los

datos, permitiéndoles ser ciudadanos responsables de los datos.

5. **Evaluación y mejora continuas:** la evaluación periódica de su marco de gobernanza de datos garantiza su eficacia y ayuda a identificar áreas de mejora. Esto allana el camino para elaborar un marco más ágil y eficiente que conduzca a la democratización de los datos.

Recuerde, si bien puede parecer una tarea ardua establecer una estructura de gobernanza de datos eficaz, los beneficios obtenidos superan con creces los esfuerzos iniciales. Como catalizador de sus ambiciones de democratización de datos, una gobernanza de datos sólida proporciona el camino hacia la toma de decisiones basada en hechos, análisis de datos mejorados, mayor satisfacción del cliente y, en última instancia, crecimiento empresarial sostenible. Adopte la gobernanza de datos: ¡su clave para potenciar su organización a través de la democratización de los datos!

7.1 Comprender el papel de la gobernanza de datos

En la búsqueda de democratizar los datos, el papel del gobierno de datos es fundamental. El gobierno de datos se refiere a la gestión general de la disponibilidad, usabilidad, integridad y seguridad de los datos dentro de una organización. Incluye un conjunto de procesos llevados a cabo y aprobados por un consejo o un órgano de gobierno separado colocado al frente de la organización. Los datos gobernados proporcionan la columna vertebral de las actividades de datos en toda la organización, incluida la inteligencia empresarial, el análisis de datos y otras operaciones comerciales relacionadas con los datos. Por lo tanto, comprender el gobierno de datos es esencial para empoderar a su organización a través de la democratización de datos.

Gobernanza de datos y democratización de datos

La democratización de los datos significa proporcionar a las personas acceso a los datos de una manera que puedan entender. Permite a los usuarios finales tomar decisiones basadas en datos, en lugar de corazonadas o conjeturas. Sin embargo, este acceso y comprensión solo se puede lograr cuando los datos se controlan adecuadamente.

Solo a través de un gobierno de datos efectivo, se garantizan aspectos importantes como el acceso a los datos, la calidad de los datos, la privacidad de los datos y la seguridad. Con un marco sólido de gobernanza de datos, las organizaciones pueden decidir quién tiene autorización para ciertos conjuntos de datos, garantizar la precisión y coherencia de los datos, cumplir con las regulaciones de protección de datos pertinentes y tomar las medidas adecuadas para evitar violaciones de datos. Por lo tanto, el gobierno de datos sienta las bases para la democratización segura y efectiva de los datos.

Componentes clave de la gobernanza de datos

El gobierno de datos abarca varios componentes, que incluyen:

- **Administración de datos:** los administradores de datos desempeñan un papel crucial en un programa de gobierno de datos. Tienen la tarea de definir elementos de datos e implementar políticas y procedimientos para manejar y utilizar los datos de manera responsable, y trabajan para garantizar la integridad y privacidad de los datos en toda la organización.
- **Calidad de los datos:** los datos deben ser precisos, coherentes y fiables; Deben eliminarse las irregularidades e incoherencias. La buena calidad de los datos es clave para una toma de decisiones informada y evita el riesgo de errores y malas interpretaciones.
- **Privacidad de datos:** la gobernanza de datos ayuda a mantener y proteger datos confidenciales y cumplir con las regulaciones de privacidad de datos relevantes, como el RGPD. Esto implica implementar controles cuidadosos y garantizar que solo los usuarios autorizados puedan acceder a ciertos tipos de datos.
- **Seguridad de los datos:** dado que las violaciones de datos son cada vez más frecuentes, se deben implementar medidas sólidas de seguridad de datos para proteger los datos de la organización. La gobernanza de datos incluye la adopción de medidas como el cifrado, la gestión de identidades y accesos y auditorías periódicas de los datos.
- **Gestión de datos maestros:** implica la gestión de los datos principales de la organización, denominados datos maestros, para garantizar que sean coherentes y precisos en los diferentes sistemas y departamentos. La gestión de datos maestros puede ayudar a crear una única fuente de verdad, que es fundamental para la democratización de los datos.

Implementando el Gobierno de Datos en su Organización

Para implementar el gobierno de datos, las organizaciones deben desarrollar una estrategia clara que defina sus objetivos, identifique a las partes interesadas clave y describa los procesos y estándares que se implementarán. Esto implica establecer un marco de gobierno de datos y, a menudo, un consejo o comité para supervisar su implementación.

Uno de los aspectos críticos de la implementación del gobierno de datos es garantizar que haya una amplia conciencia y comprensión de su importancia en toda la organización. Esto podría incluir sesiones de capacitación, talleres u otras medidas educativas.

En conclusión, la gobernanza de datos desempeña un papel vital en la democratización segura y eficaz de los datos. Al implementar una estrategia sólida de gobierno de datos, las organizaciones pueden garantizar que los datos sean precisos, seguros y estén disponibles para quienes los necesitan, cuando los necesitan, mejorando la capacidad de su personal para tomar decisiones basadas en datos e impulsando el desempeño de la organización.

8. Infraestructura tecnológica detrás de la democratización de los datos

8.1 Comprender el papel de la infraestructura tecnológica en la democratización de los datos

Para comprender plenamente el proceso de democratización de los datos, es esencial comprender la infraestructura tecnológica necesaria para que esto suceda. Esta infraestructura no solo facilita el acceso y el intercambio de datos en todos los niveles de una organización, sino que también garantiza su uso seguro y controlado.

8.1.1 Sistemas de gestión de datos

Los sistemas de gestión de datos forman la columna vertebral de la democratización de los datos al permitir a las organizaciones recopilar, almacenar, procesar y distribuir grandes cantidades de datos. Escalables y eficientes, estos sistemas deben diseñarse para manejar big data y entregar información precisa, oportuna y procesable a usuarios de diferentes departamentos. Industrias como la atención médica, la educación, las finanzas, la tecnología y muchas otras ya están aprovechando sistemas de gestión de datos como bases de datos relacionales (RDBMS), bases de datos orientadas a documentos, bases de datos de gráficos y Hadoop, entre otros, para democratizar los datos.

8.1.2 Herramientas de integración de datos

Las herramientas de integración de datos desempeñan un papel fundamental en el proceso de democratización de datos al conectar diversas fuentes de datos, convertirlas en una vista unificada y permitir a los usuarios recuperar y manipular estos datos de una manera fácil y similar. Ejemplos de dichas herramientas incluyen herramientas de extracción, transformación y carga (ETL), herramientas de preparación de datos y soluciones de catalogación de datos.

8.1.3 Herramientas de análisis e inteligencia empresarial

Estas herramientas permiten a las organizaciones analizar datos y obtener información que informe las decisiones comerciales. A menudo están diseñados con interfaces fáciles de usar que hacen que los datos sean accesibles incluso para usuarios sin conocimientos técnicos. Herramientas como Tableau, Looker, Domo o Power BI brindan formas de visualizar e interactuar con datos, lo que permite a los usuarios crear paneles e informes, ejecutar consultas o realizar análisis predictivos.

8.1.4 Herramientas de gobernanza de datos

A medida que democratizamos los datos, también debemos considerar factores de privacidad, seguridad, calidad y cumplimiento. Ahí es donde entran en juego las herramientas de gobernanza de datos. Ayudan a implementar las políticas, procedimientos, responsabilidades y procesos necesarios para gestionar y garantizar la integridad de los datos de una organización. Pueden proporcionar capacidades como privacidad y protección de datos, gestión de la calidad de los datos, gestión de metadatos y gestión de datos maestros, que son fundamentales para una democratización exitosa de los datos.

8.1.5 Computación y almacenamiento en la nube

Las tecnologías de la nube han sido fundamentales en el aumento de la democratización de los datos. La computación en la nube permite asequibilidad, escalabilidad y facilidad de acceso a los datos. Se pueden almacenar y procesar grandes volúmenes de datos en plataformas basadas en la nube, lo que hace que las limitaciones geográficas sean irrelevantes. Soluciones como Amazon Web Services (AWS), Google Cloud Platform (GCP) y Microsoft Azure se emplean con frecuencia por sus sólidas y rentables capacidades de gestión de datos.

En conclusión, la infraestructura tecnológica que sustenta la democratización de los datos constituye el marco crucial que permite acceder, interpretar y utilizar eficazmente los datos en toda una organización. Las empresas deben asegurarse de invertir en las tecnologías y herramientas adecuadas, correlacionar su estrategia de datos con los objetivos organizacionales y promover una cultura alfabetizada en datos en todos los niveles de la organización para democratizar verdaderamente los datos.

8.1 Comprender la columna vertebral tecnológica de la democratización de los datos

La base de una democratización de datos exitosa radica en el diseño y la implementación de una infraestructura tecnológica adecuada que esté estratégicamente estratificada para facilitar el acceso fluido a los datos sin sacrificar la seguridad. No se puede subestimar la dependencia de una organización de los datos; como tal, la infraestructura tecnológica implementada debe respaldar de manera integral las diversas etapas del procesamiento y la democratización de los datos, desde la recopilación, el procesamiento y el almacenamiento hasta el análisis y la visualización. Estos son los pilares clave involucrados;

8.1.1 Infraestructura de recopilación de datos

Los datos son la base de la democratización de los datos; por lo tanto, deberían existir sistemas sólidos para recolectarlo de una variedad de fuentes. Las organizaciones pueden confiar en diferentes herramientas y plataformas (interacciones API, dispositivos IoT, herramientas de web scraping, integraciones de terceros, formularios y plataformas como Google Analytics) para la recopilación de datos.

8.1.2 Almacenamiento de datos y lagos de datos

Los almacenes de datos o lagos de datos son esenciales para el almacenamiento central y la organización de los datos recopilados. Estos sistemas almacenan datos en un formato estructurado y ofrecen la capacidad de almacenar volúmenes masivos de datos generados diariamente. La elección entre almacenes de datos y lagos de datos depende del uso y la interacción de la organización con los datos.

8.1.3 Herramientas de preparación y procesamiento de datos

Antes de poder realizar cualquier análisis de datos, se deben limpiar y preparar. Los datos deben transformarse a un formato apropiado para el análisis, eliminando duplicados, errores e inconsistencias. La organización y curación de los datos requeridos por los usuarios finales se puede realizar utilizando tecnologías ELT (Extract-Load-Transform) o ETL (Extract-Transform-Load), lo que los hace fácilmente disponibles y utilizables.

8.1.4 Sistemas de gestión de bases de datos

Los sistemas de gestión de bases de datos (DBMS) surgen para proporcionar una forma sistemática de crear, recuperar, actualizar y gestionar los datos almacenados en almacenes y lagos de datos. DBMS puede ser relacional (basado en SQL), no relacional (basado en NoSQL) o una combinación de ambos (NewSQL).

8.1.5 Herramientas de visualización y análisis de datos

Una vez limpiados y preparados los datos, están listos para su análisis e interpretación. Con diversos software y herramientas analíticas basadas en algoritmos de Machine Learning e Inteligencia Artificial, las empresas pueden descubrir patrones, correlaciones y tendencias. Las herramientas de visualización convierten estos conocimientos de datos complejos en representaciones gráficas más intuitivas, lo que facilita que los profesionales que no trabajan con datos comprendan y tomen decisiones.

8.1.6 Herramientas de Seguridad y Control de Acceso

Bajo el paraguas de la democratización de los datos, la seguridad de los datos es primordial. Con numerosas filtraciones de datos reportadas cada año, las organizaciones deben priorizar las medidas de seguridad de los datos mientras los democratizan. Esto incluye implementar software de seguridad, cifrar datos confidenciales, implementar control de acceso con permisos y autenticaciones y auditorías de seguridad periódicas.

8.1.7 Marcos de gobernanza de datos

La gobernanza de datos es un conjunto de procesos y directrices que garantizan la calidad de los datos durante todo su ciclo de vida y ayudan a las empresas a gestionar sus activos de datos. Desempeña un papel crucial en una estrategia de democratización de datos al garantizar que los datos sigan siendo consistentes, comprendidos y confiables.

Si bien la tecnología desempeña un papel fundamental en la democratización de los datos, las organizaciones deben mantener su atención en los usuarios finales. Ofrecer suficientes programas de capacitación y alfabetización en datos puede cerrar la brecha entre tener datos disponibles y usarlos de manera efectiva. Al combinar una infraestructura tecnológica de vanguardia con una cultura de alfabetización en datos, las organizaciones pueden potenciar los procesos de toma de decisiones basados en datos en todas las capas de la organización.

8.1 Comprender el papel de la computación en la nube en la democratización de datos

En la era de la democratización de los datos, la computación en la nube se ha convertido en una de las tecnologías fundamentales que sustentan el concepto. La tecnología de computación en la nube permite el acceso sobre la marcha a grupos compartidos de recursos del sistema configurables y servicios de nivel superior, brindando la capacidad de ajustar e implementar soluciones rápidamente con un esfuerzo de gestión limitado.

Una ventaja fundamental de la computación en la nube para la democratización de los datos es su capacidad de ofrecer acceso universal a los datos. Al eliminar las limitaciones tradicionales de la presencia física y los estrictos regímenes de TI, las empresas pueden compartir, utilizar y analizar datos desde prácticamente cualquier ubicación y cualquier dispositivo, siempre que se les proporcionen permisos de acceso. Además, la computación en la nube fomenta un entorno más colaborativo donde se pueden utilizar y aprovechar los recursos entre diferentes departamentos y equipos.

Las plataformas en la nube, ya sean públicas, privadas o híbridas, han cambiado las reglas del juego en la forma en que las organizaciones abordan la gestión y el análisis de datos. Ofrecen capacidades de almacenamiento de datos a gran escala, lo que reduce la necesidad de infraestructuras de almacenamiento locales extensas y a menudo costosas. La nube también simplifica la integración de datos, ya que elimina los desafíos tradicionales asociados con la combinación de datos de plataformas y sistemas dispares.

Además, la tecnología de la nube admite capacidades analíticas avanzadas, como la inteligencia artificial (IA) y el aprendizaje automático (ML), que pueden aplicarse a grandes volúmenes de datos para obtener información útil. Esto no sólo democratiza los datos, sino también las capacidades analíticas de alto nivel a las que antes sólo podían acceder los expertos en datos o las grandes corporaciones con presupuestos elevados.

De hecho, los modelos de datos como servicio (DaaS) son cada vez más comunes en los sistemas basados en la nube. Permiten a las empresas consumir datos según sea necesario en lugar de mantener sus propios almacenes de datos. Como resultado, las organizaciones pueden reducir los costos operativos asociados, mejorar el acceso a los datos y mantener la flexibilidad para elegir el tipo de datos que necesitan para procesos o proyectos específicos.

Sin embargo, es importante recordar que si bien la computación en la nube puede actuar como un facilitador de la democratización de los datos, no equivale automáticamente a la democracia. Las empresas deben asegurarse de contar con protocolos de seguridad y gobernanza de datos sólidos. El cumplimiento de las leyes de privacidad de datos, la autenticación de usuarios y los métodos de cifrado innovadores son componentes cruciales para una democratización exitosa de los datos basados en la nube.

El futuro de la computación en la nube en el ámbito de la democratización de los datos parece prometedor a medida que más organizaciones la adoptan. En este contexto, se vuelve esencial que comprendamos mejor su impacto en la capacidad de una organización para cumplir objetivos estratégicos, acelerar la transformación digital y capitalizar las ventajas competitivas que aporta en la economía digital moderna.

Sin embargo, el camino hacia la democratización de los datos no es una tarea sencilla; requiere una estrategia bien diseñada, alineación con procesos comerciales específicos y una comprensión integral de los desafíos relacionados con los datos. La integración de tecnologías de vanguardia como la computación en la nube sin duda desempeñará un papel enorme, por lo que será crucial para los responsables de la toma de decisiones captar su potencial y sus implicaciones. Al construir una infraestructura tecnológica sólida, capaz y segura, podemos aprovechar todo el potencial de la democratización de los datos.

En las siguientes secciones, profundizaremos en otras tecnologías que también allanan el camino para una democratización de datos exitosa, como herramientas de análisis de datos, software de Business Intelligence (BI) y aplicaciones de visualización de datos. El objetivo es brindarle una descripción general completa del panorama tecnológico con respecto a la democratización de datos, facilitando decisiones informadas sobre arquitectura, herramientas y principios de diseño.

8.1 Comprender la importancia de una infraestructura tecnológica robusta y escalable

Uno de los catalizadores fundamentales detrás de iniciativas exitosas de democratización de datos es la presencia de una infraestructura tecnológica integral, adaptable y escalable. La capacidad de una organización para empoderar a sus miembros para que accedan y utilicen los activos de datos depende en gran medida del marco tecnológico dentro del cual se almacenan, analizan y difunden los datos.

8.1.1 Almacenamiento de datos y gestión de bases de datos

La pila tecnológica para la democratización de los datos comienza con sistemas eficaces de almacenamiento de datos y gestión de bases de datos (DBMS). Estos sistemas son fundamentales para recopilar datos estructurados y no estructurados de diversas fuentes y formatearlos en un formato estandarizado y utilizable. Un DBMS potente debe admitir procesamiento paralelo, funciones de seguridad avanzadas y actualizaciones en tiempo real para adaptarse a los requisitos en constante evolución de una organización.

8.1.2 Herramientas de gobernanza de datos y medidas de seguridad

Los datos, especialmente los datos comerciales confidenciales, deben regirse con fuertes controles de seguridad para evitar accesos no deseados o posibles infracciones. Las herramientas de gobierno de datos incluyen software de gestión de políticas, herramientas de control de acceso y catálogos de datos. Garantizan que los datos se manejen de acuerdo con los estándares, las políticas y los requisitos de cumplimiento de la organización, al tiempo que maximizan su usabilidad.

8.1.3 Procesos ETL (Extracción, Transformación, Carga)

Los procesos ETL permiten a las organizaciones integrar datos de diversas fuentes y luego transferirlos a un almacén de datos donde las partes interesadas puedan acceder a ellos. Las herramientas ETL facilitan la extracción de datos de múltiples sistemas de origen, su limpieza, mapeo y transformación en una estructura unificada y, posteriormente, su carga en la base de datos o almacén de datos de destino final.

8.1.4 Herramientas de análisis de datos e inteligencia empresarial

Las herramientas de análisis e inteligencia empresarial son la columna vertebral de la democratización de los datos. Permiten a los empleados obtener conocimientos e interpretar datos sin la necesidad de habilidades técnicas o estadísticas intensivas. Estas herramientas van desde aquellas que proporcionan visualizaciones de datos simples hasta software más sofisticado que ofrece modelos predictivos, capacidades de aprendizaje automático y análisis en tiempo real.

8.1.5 Software de visualización de datos

La democratización de datos fomenta la toma de decisiones basada en datos más allá de los equipos de tecnología o datos. Aquí interviene el software de visualización de datos, que convierte conjuntos de datos complejos en representaciones gráficas como tablas, gráficos y paneles que son más fáciles de entender, lo que permite que los conocimientos sean más evidentes y procesables.

8.1.6 API y servicios de accesibilidad a datos

Para permitir el acceso multifuncional a los datos, debe haber API y servicios bien documentados en la infraestructura tecnológica. Esto puede permitir un intercambio de datos más fluido entre diferentes sistemas y aplicaciones.

8.1.7 Configuraciones basadas en la nube para escalabilidad y accesibilidad

La infraestructura de tecnología basada en la nube juega un papel vital en los esfuerzos de democratización de datos. No solo permite una escalabilidad mejorada y actualizaciones sencillas, sino que también permite el acceso remoto y distribuido a los datos, lo que permite a los miembros del equipo aprovechar los beneficios de la información valiosa sobre los datos, independientemente de su ubicación.

En conclusión, la democratización efectiva de los datos no se trata simplemente de abrir puertas de acceso a todos los datos para todos; se trata de establecer una infraestructura tecnológica sólida e integradora que cultive un entorno propicio para el acceso, la comprensión y la utilización de los datos. Incluye una cuidadosa atención al almacenamiento de datos, la gestión de bases de datos, la gobernanza de datos, los procesos ETL, el análisis de datos, las herramientas de visualización e inteligencia empresarial, los servicios API y las configuraciones basadas en la nube para crear una cultura de datos sostenible y democratizada.

8.1 Construcción de una infraestructura de datos sólida

Un componente clave de la democratización de los datos dentro de una organización implica establecer una infraestructura tecnológica sólida que admita un acceso fácil, seguro y sin problemas a los datos. Lograr la democratización de los datos requiere más que solo proporcionar herramientas y aplicaciones a los empleados: subrayó la necesidad de una infraestructura de datos altamente efectiva.

8.1.1 Reforzar la gestión de datos

La democratización de datos se basa esencialmente en la recopilación, el almacenamiento y el análisis de datos. Estos elementos permiten un flujo fluido de datos y son las piedras angulares de la gestión de datos. Por lo tanto, reforzar los sistemas de gestión de datos debería ser el primer paso hacia la democratización de los datos.

Recopilación de datos: esto implica diseñar mecanismos que capturarán datos relevantes de varias fuentes, incluidas huellas digitales, datos transaccionales, datos interactivos, entre otros.

Almacenamiento de datos: una vez recopilados, los datos deben almacenarse de manera efectiva para garantizar que la información permanezca intacta y no esté sujeta a ninguna posible pérdida o corrupción.

Análisis de datos: finalmente, analizar los datos almacenados ayuda a extraer información que se puede utilizar para derivar estrategias viables. Es fundamental implementar herramientas sólidas de análisis de datos para interpretar los datos sin procesar de manera efectiva.

8.1.2 Aprovechamiento de la computación en la nube

La computación en la nube es parte integral de la democratización de los datos, ya que ayuda a superar las limitaciones de los sistemas de almacenamiento físico, como los servidores, que a menudo plantean desafíos con respecto a la disponibilidad y accesibilidad de los datos. La computación en la nube ofrece soluciones de almacenamiento altamente escalables y garantiza la disponibilidad de datos las 24 horas del día, independientemente de las ubicaciones geográficas.

8.1.3 Implementación de medidas de gobernanza de datos

Es importante recordar que el fácil acceso a los datos no se traduce en un escenario de todos contra todos. De hecho, una de las mayores amenazas para la democratización de los datos es la seguridad de los datos comprometida. Por lo tanto, instalar medidas de gobierno de datos, definir quién puede acceder a qué datos y en qué medida, emerge como tareas críticas en el esquema de democratización de datos.

8.1.4 Selección e implementación de herramientas

El despliegue eficiente de las herramientas adecuadas ayuda a democratizar los datos. Sin embargo, es crucial seleccionar juiciosamente estas herramientas teniendo en cuenta la compatibilidad con los sistemas existentes, la facilidad de uso, las características de seguridad y la escalabilidad.

8.1.5 Establecer alfabetización en datos

Establecer un programa sólido de alfabetización de datos es vital para empoderar a la fuerza laboral para utilizar los datos de manera efectiva y tomar decisiones basadas en datos. Esto incluye programas de capacitación destinados específicamente a mejorar la alfabetización de datos y crear una cultura interna que valore los conocimientos basados en datos.

8.1.6 Facilitar la seguridad de los datos

La seguridad de los datos es una preocupación primordial en la democratización de los datos y, como tal, una infraestructura robusta también implica sistemas de seguridad sólidos para evitar filtraciones de datos y mantener la integridad de los datos.

En conclusión, construir una infraestructura de datos sólida implica un enfoque integral. Se trata de crear un entorno donde los datos sean accesibles, manejables e interpretables para todas las secciones de la organización. El diseño de esta infraestructura requiere una comprensión profunda de las necesidades de la organización y una planificación y ejecución meticulosas. La construcción de una infraestructura de este tipo conlleva una serie de desafíos; sin embargo, los beneficios que aporta en términos de toma de decisiones, innovación y satisfacción del cliente hacen que los esfuerzos valgan la pena.

9. Estudios de caso: Historias de éxito de democratización de datos

Caso 9: Aprovechamiento de la democratización de datos en Verizon Communication Inc.

Verizon Communications Inc., una de las empresas de telecomunicaciones más grandes del mundo, comprendió el inmenso potencial que existía en los datos de sus consumidores y reconoció el desafío de capitalizar este recurso debido a fuentes de datos aisladas, dispersas y dispares. La organización reconoció que la información no solo era de difícil acceso sino que también estaba infrautilizada. Por lo tanto, su solución fue implementar una estrategia de democratización de datos.

El enfoque de Verizon para la democratización de datos se implementó en dos pasos específicos:

1. **Consolidación de datos dispares** : la primera fase consistía en reunir todas las fuentes de datos dispares bajo un mismo techo. Verizon consolidó miles de millones de filas de datos de diferentes fuentes dentro de la empresa en un único "lago de datos" para toda la empresa. Este paso requería importantes inversiones tecnológicas, pero era un aspecto crítico de su estrategia. Con los datos relevantes accesibles en un solo lugar, la organización estaba mejor posicionada para obtener conocimientos significativos y allanar el camino para la democratización.

2. **Implementación de análisis de autoservicio** : en la segunda fase, Verizon introdujo análisis de autoservicio a todos sus empleados, no solo a los científicos de datos o profesionales de TI. El objetivo de este paso era capacitar a todas las personas de la organización para que utilizaran los datos para responder sus consultas, aumentar la productividad y tomar decisiones más informadas. Los empleados también recibieron capacitación y herramientas adecuadas para ayudarlos a comprender e interpretar los datos.

La implementación de una estrategia de datos democratizada arrojó resultados sobresalientes para Verizon. Aquí hay algunos aspectos destacados:

- **Mejora de la toma de decisiones basada en datos** : dado que todos los empleados tenían acceso a los datos, se comenzaron a tomar más decisiones en la empresa basándose en datos reales en lugar de en instintos o sesgos. El personal pudo analizar los patrones de comportamiento de los consumidores, el uso de la red y más, lo que condujo a una mejor toma de decisiones en todos los niveles de la organización.

- **Mayor eficiencia y productividad** : Con herramientas analíticas de autoservicio, los empleados pudieron abordar sus consultas relacionadas con los datos sin esperar a los equipos de TI o de datos, lo que ahorró tiempo y aumentó la productividad.
- **Soluciones y estrategias innovadoras** : con el acceso democratizado a los datos, varios equipos pudieron desarrollar soluciones innovadoras para abordar los problemas de los clientes y diseñar nuevas estrategias comerciales. El equipo de marketing, por ejemplo, pudo crear campañas más específicas y efectivas al comprender las preferencias y los comportamientos de los clientes.
- **Transformación cultural** : quizás el impacto más notable de la estrategia de democratización de datos de Verizon fue el cambio en la cultura de la empresa. La organización desarrolló una cultura basada en datos donde los datos se convirtieron en una parte fundamental de las conversaciones diarias y los procesos de toma de decisiones.

Uno de los puntos clave de la exitosa historia de democratización de datos de Verizon es que el viaje consta de varias fases e involucra la participación activa de todos los empleados. Demostraron que cuando democratiza los datos, rompe los silos, promueve la transparencia, fomenta la innovación y empodera a cada individuo en su organización para impulsar el crecimiento y el éxito.

Estudio de caso 1: Procter & Gamble (P&G)

Procter & Gamble es un excelente ejemplo de lo que puede lograr la democratización de datos. Esta empresa multinacional revolucionó sus operaciones comerciales al democratizar los datos y otorgar a los empleados, independientemente de su función, acceso a información basada en datos.

P&G utilizó la democratización de los datos para impulsar la eficiencia de los procesos y mejorar las colaboraciones entre departamentos. Para empezar, aprovecharon herramientas de visualización de datos de alto rendimiento como Tableau, lo que facilitó a los empleados no técnicos analizar información visualmente y tomar decisiones basadas en datos.

Al promover una cultura de datos colaborativos, P&G capacitó a sus equipos para descubrir conocimientos críticos, aumentar la eficiencia y optimizar las eficiencias. La democratización de los datos condujo a un aumento de los ingresos de la empresa a medida que el personal identificó eficazmente oportunidades para ahorrar costos y aumentar las ganancias.

democratización en acción: la iniciativa de la esfera empresarial

Una de las principales iniciativas a través de las cuales P&G democratizó sus datos fue a través de la Estrategia Business Sphere.

Antes de la implementación de esta estrategia, los datos estaban aislados en diferentes departamentos, lo que dificultaba compartirlos o analizarlos de manera interdisciplinaria. P&G abordó estos desafíos creando un espacio colaborativo físico y digital llamado Business

Sphere. Esta sala de visualización permitió a los equipos examinar las tendencias comerciales, las amenazas y las oportunidades en tiempo real.

La Iniciativa Business Sphere constaba de dos componentes: Decision Cockpits y Business Sphere.

- **Cabinas de decisiones:** eran paneles fáciles de usar que ofrecían a los empleados acceso en tiempo real a datos críticos. Como aplicaciones seguras basadas en web, permitieron a los empleados filtrar, ordenar y analizar datos según lo necesitaran.

- **Business Sphere:** se trataba de una sala de reuniones física con pantallas multitáctiles duales de 30 pies que mostraban datos en tiempo real para obtener información analítica amplia. Los miembros del equipo podrían interactuar con los datos, desarrollando entendimientos compartidos y soluciones colaborativas.

Al implementarlos, P&G esencialmente cerró la brecha entre los científicos de datos y los profesionales de negocios. La iniciativa animó a los empleados a pensar críticamente, cuestionar con complacencia y fomentar una cultura de transparencia e innovación.

Resultado

Tras la implementación de iniciativas de democratización de datos, P&G informó una toma de decisiones más efectiva, ahorros de costos y mayores ingresos. La empresa pudo identificar 200 millones de dólares en oportunidades perdidas en sus procesos de fabricación, mejorar las estrategias de marketing y diseñar productos centrados en el cliente.

A pesar de la elevada inversión inicial, la estrategia de democratización de los datos de P&G finalmente resultó ser una inversión sólida. Es un testimonio de cómo la democratización de los datos puede elevar el desempeño comercial de una empresa al promover una cultura de datos inclusiva que aprovecha la inteligencia colectiva para la toma de decisiones estratégicas.

Conclusión

La historia de éxito de P&G personifica el poder de democratizar los datos en una organización. Al desmantelar los cuellos de botella jerárquicos y garantizar la accesibilidad, confiabilidad y seguridad de sus datos, P&G ha allanado el camino para que otras corporaciones sigan su ejemplo en su viaje hacia la democratización de los datos. Está claro que democratizar los datos no es simplemente una palabra de moda, sino una herramienta estratégica capaz de generar resultados comerciales extraordinarios.

Estudio de caso 1: Airbnb: aprovechar la democratización de los datos para la toma de decisiones estratégicas

Airbnb, el gigante mundial del alojamiento compartido, es un excelente ejemplo que demuestra la implementación exitosa de la democratización de los datos dentro de una organización. Con un equipo grande y disperso por todo el mundo que toma decisiones estratégicas a diario, Airbnb necesitaba un por qué para garantizar que las personas adecuadas pudieran acceder a los datos correctos en el momento adecuado.

Al reconocer la importancia de la toma de decisiones basada en datos, Airbnb introdujo una herramienta llamada "Airbnb Data University". La iniciativa tenía como objetivo transformar su fuerza laboral en "científicos de datos ciudadanos", independientemente de sus funciones, capacidades técnicas o antecedentes. El objetivo era simple: proporcionar a todos los miembros de la empresa las habilidades necesarias para tomar decisiones basadas en datos.

Airbnb Data University es un programa integral que incluye una serie de módulos y cursos de capacitación, que van desde educación básica sobre datos hasta temas avanzados de ciencia de datos. Uno de los aspectos más intrigantes de su estrategia de democratización es el hecho de que los cursos son impartidos por profesionales de ciencia de datos de Airbnb. Este enfoque de tutoría permite a los empleados aprender directamente de quienes mejor conocen los datos de la empresa.

¿El resultado? Hoy en día, más de 500 empleados en toda la organización (no solo los que desempeñan funciones técnicas o centradas en datos) conocen mejor los datos y utilizan con frecuencia las herramientas de datos y los paneles de control de Airbnb para tomar decisiones informadas. La comprensión compartida de los datos que ahora se extiende por toda la organización ha aumentado la eficiencia, ha mejorado la toma de decisiones estratégicas y ha generado mejores conocimientos sobre los clientes.

Estudio de caso 2: Spotify: democratizar los datos para mejorar la experiencia del usuario

Spotify, la plataforma de transmisión de música de primer nivel, recurrió a la democratización de datos para personalizar y mejorar la experiencia del usuario. A pesar de su enorme base de clientes, la visión de Spotify de proporcionar una plataforma única y personalizada para cada uno de sus usuarios es posible gracias al uso eficaz de los datos.

Dado que varios equipos acceden a un enorme volumen de datos, Spotify se alejó del modelo tradicional de almacén de datos y desarrolló un enfoque personalizado en el que los datos están centralizados pero son accesibles para todos los equipos. Esto se conoce como el enfoque de "Lago de datos". Los empleados pueden explorar, experimentar y extraer información de los conjuntos de datos para sus necesidades específicas.

Esta cultura de democratización de datos desempeñó un papel fundamental en el diseño de funciones únicas, como 'Discover Weekly' y 'Year in Music'. Estas funciones utilizan los datos del usuario para seleccionar una lista de canciones personalizada basada en las elecciones musicales anteriores de los usuarios, comportamientos de escucha y preferencias.

Al democratizar el acceso a los datos en toda la organización, Spotify puede mantenerse ágil, experimentar con nuevas ideas y mejorar continuamente su experiencia de usuario. Estos cambios, a su vez, han aumentado la participación y la satisfacción de los usuarios.

Estudio de caso 3: Zillow: democratizar los datos para lograr transparencia y confianza

Zillow, un mercado líder en bienes raíces y alquiler, aprovechó el poder de la democratización de los datos para revolucionar la industria inmobiliaria. Aportaron transparencia a la industria al poner a disposición del público datos valiosos a los que antes solo podían acceder los agentes inmobiliarios y corredores.

El uso de datos en Zillow es amplio, pero incluye valores de viviendas, recortes de precios, ejecuciones hipotecarias e información sobre escuelas y vecindarios. Al tener acceso a datos tan ricos y completos, Zillow devolvió el poder a los compradores y vendedores de viviendas al permitirles tomar decisiones informadas basadas en hechos y cifras.

En consecuencia, Zillow ha visto crecer significativamente su base de usuarios a lo largo de los años. Esta transparencia no sólo ha generado confianza sino que también ha aumentado significativamente la eficiencia empresarial a medida que los clientes están más informados y preparados durante sus interacciones con agentes y corredores.

Cada una de estas historias de éxito proporciona un ejemplo claro y significativo de democratización de datos en acción. Al derribar las barreras a la accesibilidad de los datos y equipar a todos los miembros del equipo con habilidades en datos, estas organizaciones se han dado cuenta de los inmensos beneficios de una cultura impulsada por los datos.

Estudio de caso 1: Netflix: democratización de los datos en la industria del entretenimiento

Netflix es un caso ejemplar de cómo una organización puede utilizar la democratización de datos para revolucionar una industria. Las compañías de entretenimiento tradicionales a menudo toman decisiones basadas en la intuición de unos pocos individuos selectos que perciben una comprensión de los intereses de la audiencia. Netflix, por otro lado, ha democratizado efectivamente los datos para tomar decisiones informadas que se adaptan a las preferencias de su vasta audiencia.

Rompiendo silos de datos

En Netflix, los datos se integran desde varias fuentes, incluidos los hábitos de visualización de los clientes, las reseñas de los usuarios, las redes sociales y los conjuntos de datos externos. Estos datos se hacen accesibles a través de diferentes equipos en lugar de estar compartimentados en silos. Al romper los silos de datos, Netflix promueve una cultura en la que cada persona que toma decisiones tiene acceso directo a los datos de la empresa, garantizando así que cada decisión se base en conocimientos derivados de datos completos.

Toma de decisiones basada en datos

Con información única sobre los hábitos y preferencias de visualización de cada uno de sus millones de usuarios, Netflix utiliza análisis de big data para identificar patrones y analizar tendencias. El resultado es una personalización sin precedentes que va más allá de las meras recomendaciones. Netflix ha encargado contenido original basado en un análisis de audiencia tan detallado, con resultados tremendamente exitosos; considere la popularidad de programas como "House of Cards" y "Stranger Things", que fueron encargados siguiendo decisiones basadas en datos.

Empoderar a los empleados

Netflix permite a sus empleados utilizar datos para el proceso de toma de decisiones. Cada miembro del equipo está capacitado para trabajar con datos e interpretación de los resultados. Este empoderamiento fomenta una cultura basada en datos y fomenta que surjan ideas innovadoras desde cualquier nivel dentro de su organización.

Implementación de un gobierno de datos eficaz

Mientras democratiza el acceso a los datos, Netflix también implementa sólidas prácticas de gobierno de datos. Mantiene un repositorio completo de metadatos que ayuda a los empleados a comprender y analizar los datos. Además, se establecen medidas de seguridad para gestionar el acceso, asegurando el uso autorizado y respetando la privacidad del usuario.

El resultado

La adopción de la democratización de datos por parte de Netflix ha resultado en un éxito fenomenal. Sus recomendaciones personalizadas mantienen a los usuarios comprometidos y su contenido original basado en datos resuena con audiencias de todo el mundo. Hoy, Netflix es un líder de la industria en el competitivo panorama de los servicios de transmisión digital.

El caso de Netflix ofrece lecciones invaluables para cualquier organización que busque democratizar los datos. Muestra la importancia de integrar datos de diversas fuentes, promover una cultura basada en datos e implementar prácticas sólidas de gobernanza de datos. Sobre todo, demuestra que cuando los datos se hacen accesibles a todos, se convierten en una poderosa herramienta para la innovación, la satisfacción del cliente y, en última instancia, el éxito empresarial.

Reddit: aprovechar la democratización de los datos para el crecimiento

Un excelente ejemplo del poder de la democratización de los datos proviene de Reddit, un sitio de agregación de noticias sociales, debates y clasificación de contenidos web. A menudo se hace referencia a Reddit como "la página principal de Internet", y por una buena razón. Es una plataforma donde comunidades de cientos de miles a millones se congregan para discutir, compartir e interactuar con todo tipo de contenido. Con más de mil millones de visitas al mes, Reddit genera una cantidad astronómica de datos que necesitan un manejo estratégico.

Para maximizar el valor potencial de estos datos, Reddit decidió democratizarlos. Uno de los principales medios que Reddit elige para democratizar sus datos es ponerlos a disposición del público. Reddit logra esto a través de su API pública abierta, que permite a los usuarios aprovechar los datos públicos de Reddit para sus proyectos. Esta apertura permite aplicaciones creativas, desde análisis de sentimientos sociales hasta varios tipos de implementación de personalización y curación de contenidos.

Desde una perspectiva interna, Reddit también opera una cultura de democratización de datos. La plataforma utiliza una variedad de herramientas de análisis de datos para equipar a los equipos de todos los departamentos con acceso instantáneo a los conjuntos de datos necesarios. Esta estrategia ha dado lugar a varios resultados positivos.

Mayor alfabetización de datos

Al hacer que los datos sean accesibles para todos los equipos, Reddit ha alentado eficazmente a sus empleados a mejorar su conocimiento de los datos. Esta es una parte integral de una estrategia de democratización de datos, ya que un equipo que entiende cómo leer, interpretar y trabajar con datos tiene más probabilidades de tomar decisiones basadas en datos. La fuerza laboral de Reddit ahora está bien versada en el acceso y uso de datos, lo que lleva a un aumento general de la eficiencia y eficacia.

Colaboración mejorada

La democratización de los datos en Reddit también ha llevado a una mejor colaboración en toda la plataforma. Los equipos tienen fácil acceso a conocimientos derivados del análisis de datos y pueden trabajar juntos de manera más productiva para resolver problemas, identificar oportunidades y tomar decisiones proactivas y bien informadas.

Innovación y Crecimiento

El acceso abierto a los datos fomenta la innovación, como lo demuestra la experiencia de Reddit. Los empleados de cualquier nivel pueden proponer cambios y soluciones basadas en datos, fomentando una cultura de mejora continua. El uso de datos para impulsar decisiones ha llevado a procesos más eficientes, mejores experiencias de usuario y, en última instancia, ha estimulado el crecimiento.

El enfoque de Reddit es una prueba del poder que puede tener la democratización de los datos cuando se aplica correctamente. Al incorporar herramientas de análisis de datos fáciles de usar, cultivar una cultura que valora la alfabetización en datos y crear un entorno donde los datos sean accesibles y utilizables, Reddit ha podido crecer exponencialmente a lo largo de los años. Sirve como estudio de caso para organizaciones que buscan aprovechar la democratización de los datos para su crecimiento y éxito.

10. El futuro de la democratización de los datos: tendencias y predicciones.

Tendencia 1: uso creciente del aprendizaje automático y la inteligencia artificial

Con el continuo desarrollo de la tecnología, una de las principales predicciones para el futuro de la democratización de los datos es el uso cada vez mayor del aprendizaje automático y la inteligencia artificial.

La tecnología de aprendizaje automático (ML) y de inteligencia artificial (IA) ha demostrado su valía para revolucionar industrias en todos los ámbitos, y su aplicación en la democratización de datos no es diferente. El objetivo de estas técnicas es sencillo: equipar máquinas para extraer información de grandes cantidades de datos de forma automática. Esto aumenta la eficiencia, precisión y velocidad en los procesos de toma de decisiones.

Las herramientas de IA y ML pueden descubrir patrones y tendencias en los datos que los humanos tal vez no perciban fácilmente. Una tendencia prevista consiste en utilizar estas herramientas tecnológicas para manejar grandes cantidades de datos y ofrecer el insight necesario en tiempo real. Al utilizar el aprendizaje automático y la inteligencia artificial, las organizaciones pueden automatizar tareas mundanas y liberar tiempo y esfuerzo humano para tareas más estratégicas.

Tendencia 2: alfabetización de datos mejorada

Los datos no sirven de nada si no se puede interpretar lo que dicen, de ahí la creciente importancia de la alfabetización en datos. La innovación y el cambio son inherentes a la democratización de los datos, pero el objetivo general es hacer que los datos sean más comprensibles y utilizables.

Este desarrollo no se trata sólo de tener acceso a los datos. Los usuarios deben poder leer, interpretar, trabajar y comunicarse con datos. Con la democratización de los datos ganando impulso en las organizaciones, podemos anticipar que los programas mejorados de alfabetización en datos ocuparán un lugar central. Varias organizaciones ya están realizando esfuerzos para promover la alfabetización en datos en todos los departamentos.

Tendencia 3: Expansión de las herramientas de inteligencia empresarial de autoservicio

Las herramientas de autoservicio de inteligencia empresarial han demostrado ser fundamentales para la democratización de los datos. Estas sofisticadas plataformas ofrecen interfaces fáciles de usar y requieren conocimientos técnicos mínimos. Facilitan a los usuarios no técnicos el acceso, el análisis y la visualización de datos.

A medida que estas herramientas se vuelven más accesibles, una tendencia a tener en cuenta es la ampliación y sofisticación de estas soluciones de autoservicio. Se están diseñando con interfaces más fáciles de usar, con funcionalidad de arrastrar y soltar, y pueden hacer que el análisis de datos parezca más sencillo que nunca.

Tendencia 4: Gobernanza de datos más sólida

La democratización de los datos tiene sus desafíos, incluido el mantenimiento de la privacidad y la seguridad de los datos. A medida que más empleados obtienen acceso a los datos, los riesgos se multiplican. Por tanto, una tendencia esencial asociada a la democratización de los datos es el fortalecimiento de las políticas de gobernanza de datos. Una gobernanza de datos adecuada garantiza que los datos se utilicen de forma adecuada y eficiente y, al mismo tiempo, minimiza los riesgos.

Tendencia 5: democratización de datos basada en la nube

La tecnología en la nube ya es una parte inseparable del mundo digital actual. En lo que respecta a la democratización de los datos, las tecnologías en la nube brindan soluciones de manejo y almacenamiento de datos escalables, flexibles y económicas.

La democratización de los datos basada en la nube permite a las organizaciones centralizar sus datos, permitiendo el acceso controlado a diferentes usuarios. Esto mejora la colaboración, mejora la eficiencia y ayuda a tomar decisiones rápidas.

Conclusión

Si bien la democratización de los datos promete innumerables beneficios, su implementación debe ser un proceso estratégico y cuidadoso. Debe estar estrechamente vinculado con los objetivos corporativos y la estrategia comercial general. Con las tendencias mencionadas anteriormente, junto con una capacitación, una gobernanza y una cultura de utilización de datos adecuadas, las organizaciones experimentarán una transformación significativa gracias a la democratización de los datos.

10.1 democratización de los datos: afrontar el futuro de frente

En una era donde la información es la nueva moneda y su control determina el poder, comprender las tendencias futuras de la democratización de los datos es vital para las organizaciones modernas que buscan apalancamiento estratégico. Entonces, profundicemos en algunas tendencias y predicciones clave que apuntan hacia el futuro de este panorama de datos democráticos.

IA y aprendizaje automático: democratizar la toma de decisiones

La inteligencia artificial (IA) y el aprendizaje automático (ML) están revolucionando los procesos cotidianos al permitir que las máquinas aprendan de patrones de datos y predigan resultados futuros. Se predice que, a medida que la IA se vuelva más sofisticada y accesible, seremos testigos de un aumento en el número de empresas que integrarán funciones de IA en sus plataformas para automatizar el análisis de datos. ¿El resultado? No solo la democratización de los datos, sino también la democratización de la toma de decisiones, empoderando a una gama más amplia de miembros del personal para tomar decisiones basadas en datos.

Aumento de los Lakehouses de datos

Los Data Lakehouses surgen como una nueva tendencia en el sector del big data, combinando los mejores elementos de los data lakes y los data warehouses. A diferencia de los almacenes de datos tradicionales, los Data Lakehouses mantienen grandes cantidades de datos granulares sin procesar, lo que permite análisis más flexibles y de amplio alcance. El futuro previsible indica un aumento en la adopción de Data Lakehouses, lo que podría convertir esta tecnología en un impulsor clave para la democratización de los datos.

Alfabetización de datos: base de la cultura de datos

A medida que la democratización de los datos se vuelve más popular, también lo hace la demanda de alfabetización en datos, la capacidad de analizar, interpretar y comunicar datos con confianza. Es probable que las organizaciones pongan mayor énfasis en capacitar a su personal en conocimientos de datos, fomentando una cultura de datos que los valore y utilice en cada oportunidad.

Tecnología de privacidad: equilibrio entre acceso y privacidad

A medida que más personas obtienen acceso a los datos, la privacidad se convierte en una preocupación cada vez más importante. La tecnología de privacidad que pueda ayudar a equilibrar el acceso con la privacidad será crucial de ahora en adelante. El cifrado, la seudonimización y la privacidad diferencial son sólo algunas de las tecnologías que se prevé darán forma al horizonte.

Centrarse en la gobernanza de datos

A medida que crece la democratización de los datos, podría decirse que aumentará la necesidad de una gobernanza de datos eficaz (un marco para gestionar la disponibilidad, usabilidad, integridad y seguridad de los datos dentro de una organización). Sin una estrategia sólida de gobernanza de datos, las empresas corren el riesgo de sufrir un mal uso y una mala interpretación de los datos.

El amanecer de las operaciones de datos

Data Ops (operaciones de datos), una metodología automatizada y orientada a procesos, se está utilizando para mejorar la calidad y la velocidad del análisis de datos. A medida que las organizaciones elaboran estrategias para democratizar sus datos, se espera que aumente el uso de Data Ops, lo que ayudará a las organizaciones a lograr análisis de datos más rápidos y confiables casi en tiempo real.

Los líderes empresariales y los tomadores de decisiones deben estar atentos a estas tendencias para asegurarse de estar a la vanguardia en la integración de la democratización de los datos en sus estrategias organizacionales. Si se ejecuta estratégicamente, aprovechar estas tendencias puede ayudar a crear un entorno que promueva la transparencia, la inclusión y la innovación y, en última instancia, fomente una cultura organizacional empoderada y basada en datos.

Reconocer las oportunidades y los desafíos en el cambio hacia la democratización de los datos ayudará a las empresas a aprovechar este panorama democratizado de datos en su beneficio. Es un viaje emocionante y desafiante, pero que promete una gran cantidad de beneficios para quienes recorren el camino.

Análisis predictivo: transformando la toma de decisiones empresariales

Predictive Analytics, un algoritmo de aprendizaje automático, anticipa tendencias futuras basándose en datos históricos. En los próximos años, se espera que desempeñe un papel fundamental en la democratización de los datos, empoderando a los usuarios más allá de los científicos y analistas de datos. Al proporcionar un aviso previo sobre los resultados probables, el análisis predictivo puede permitir a los tomadores de decisiones modificar preventivamente sus estrategias, lo que lleva a mejores resultados y una posible mitigación de pérdidas.

Hasta hace poco, el análisis predictivo era competencia de científicos y analistas de datos. Ahora, herramientas y plataformas sofisticadas permiten a los usuarios no técnicos aprovechar también los beneficios mediante la creación de modelos predictivos y el análisis de visualizaciones de datos complejas. A medida que las organizaciones comiencen a darse cuenta del valor del análisis predictivo, éste cobrará aún más impulso. Una cultura de datos democratizada naturalmente asigna el poder de predicción a más tomadores de decisiones en toda la organización, permitiéndoles capitalizar los conocimientos.

IA democratizada: llevar la inteligencia a las masas

La Inteligencia Artificial (IA) ya no se limita a las películas de ciencia ficción o los laboratorios tecnológicos. Las organizaciones de todo el mundo están aprovechando el poder de la IA y democratizarla es el siguiente paso lógico.

La IA democratizada se refiere a la tendencia a hacer que la tecnología de IA sea accesible a las masas, en lugar de a unos pocos elegidos.

La IA democratizada puede redefinir el futuro de la democratización de los datos a través de algoritmos de aprendizaje automático, procesamiento del lenguaje natural y más. Los empleados habituales, no sólo los científicos de datos o los expertos en TI, podrán acceder e interpretar datos complejos y tomar decisiones basadas en datos en todos los niveles de la organización.

La disponibilidad de plataformas de IA accesibles y de grandes conjuntos de datos están allanando el camino para una IA democratizada. Está empoderando a las empresas, los usuarios y los desarrolladores al eliminar los obstáculos tradicionales asociados con la implementación de la IA, como el conocimiento especializado o los altos costos.

Mejoras en la gobernanza y la privacidad de los datos

El futuro de la democratización de los datos también reside en cómo las organizaciones gestionan sus regulaciones de privacidad y gobernanza de datos. A medida que se generan y comparten más y más datos entre organizaciones, la necesidad de contar con medidas sólidas de gobernanza, privacidad y seguridad se vuelve primordial. La democratización de los datos abarcará no sólo el acceso y el análisis de los datos, sino también su uso ético.

Con la introducción de regulaciones estrictas como GDPR en Europa y CCPA en California, las empresas deberán garantizar que la democratización de los datos no comprometa la privacidad y la seguridad de los datos. Se espera que tecnologías como blockchain impulsen la tendencia de democratización de datos seguros al proporcionar almacenamiento de datos descentralizado y transparente. El cumplimiento no consistirá sólo en obedecer las leyes, sino que será un eje para mantener la confianza del cliente en un entorno empresarial cada vez más consciente de los datos.

Herramientas de datos de autoservicio: el auge de los científicos de datos ciudadanos

Se proyectarán herramientas de datos de autoservicio para encontrar más interesados en el futuro de la democratización de los datos. En lugar de depender de equipos de datos, estas herramientas permitirán a los usuarios empresariales acceder y analizar los datos ellos mismos. Estos 'Científicos de datos ciudadanos' pueden aprovechar algoritmos y modelos prediseñados para buscar, limpiar, fusionar, manipular y analizar datos, todo con un soporte mínimo de los equipos de datos o de TI.

Estas herramientas democratizan la ciencia de datos al integrar tareas complejas en su plataforma, lo que permite a los usuarios obtener información sin necesidad de una comprensión profunda de la ciencia de datos subyacente. Con el aumento de las herramientas de datos de autoservicio, las organizaciones mejorarán enormemente su eficiencia, ayudándolas a tomar más decisiones comerciales basadas en datos con mayor rapidez.

Conclusión

El futuro encierra un inmenso potencial para la democratización de los datos, con análisis predictivo, IA democratizada, gobernanza de datos eficaz y herramientas de autoservicio a la cabeza. A medida que las organizaciones se esfuerzan por darle sentido y obtener valor de las grandes cantidades de datos que se generan diariamente, avanzan hacia una cultura de datos democratizada. Sin embargo, las partes interesadas deben garantizar que esta transformación se ejecute de forma ética, teniendo en cuenta los posibles impactos en la privacidad y la seguridad. La democratización de los datos bien podría ser la fuerza revolucionaria que impulse el futuro del panorama empresarial, siempre que se implemente de manera juiciosa y sostenible.

democratizar los datos en la era del aprendizaje automático y la inteligencia artificial

En la era de la transformación digital, la inteligencia artificial y el aprendizaje automático son dos conjuntos de herramientas fundamentales que cierran la brecha entre datos complejos y conocimientos prácticos. A medida que las empresas adoptan tecnologías de inteligencia artificial y aprendizaje automático para sus operaciones de datos, un acceso más amplio a los datos dentro de una organización juega un papel crucial en términos de efectividad, comprensibilidad y utilización.

La IA y el aprendizaje automático impulsan la democratización de los datos

La inteligencia artificial y el aprendizaje automático tienen la capacidad de procesar big data a una escala sin precedentes, liberando el potencial de las organizaciones para tomar decisiones rápidas basadas en datos. Por lo tanto, consolidar estas tecnologías de vanguardia con la democratización de los datos puede aliviar la carga de los equipos de TI y los analistas de datos al permitir que el personal no técnico acceda, interprete y utilice los datos de manera eficiente.

Se pueden implementar algoritmos de Machine Learning para filtrar y limpiar los datos, detectando irregularidades y duplicados que, de otro modo, podrían conducir a análisis inexactos. Estos procesos impulsados por la tecnología iluminan las contribuciones de la democratización de los datos al garantizar que los datos a los que acceden varios equipos sean limpios, precisos y significativos. Esto hace que los datos no sólo sean accesibles sino también valiosos para todos en la organización, ya sean operaciones, ventas, marketing o servicio al cliente.

La visualización de datos avanzada fortalece la democratización de los datos

Con grandes cantidades de datos fácilmente accesibles, presentarlos de una manera fácilmente interpretable es el próximo gran desafío al que se enfrentan las organizaciones. Las herramientas avanzadas de visualización de datos están a la altura de este desafío, permitiendo a los usuarios interactuar con los datos y explorar tendencias, valores atípicos y patrones de manera efectiva.

La visualización de datos avanzada es capaz de crear informes analíticos de autoservicio que los usuarios sin conocimientos técnicos pueden entender fácilmente. Este es un gran paso hacia la democratización de los datos porque empodera a todos los trabajadores, no solo a los pocos que entienden los procesos o análisis de datos complejos.

democratización de datos en la era de la seguridad mejorada

En el futuro, con una mayor democratización de los datos, las organizaciones deberán prestar más atención a la privacidad, la gobernanza y la seguridad de los datos. Garantizar que estos elementos esenciales estén implementados será crucial para mantener la confianza entre los usuarios y al mismo tiempo fomentar la exploración y el descubrimiento de datos.

Se están desarrollando y perfeccionando nuevas tecnologías y medidas de seguridad mejoradas, como privacidad diferencial o sistemas de control de acceso, para proteger la información confidencial y al mismo tiempo mantener el libre flujo de información no confidencial. Esto permitirá a las empresas equilibrar la necesidad de apertura y protección de datos.

Análisis predictivo y prescriptivo: la próxima frontera

A medida que la democratización de los datos se integre más en las operaciones diarias de las empresas, aumentará el uso de análisis predictivos y prescriptivos. Estas metodologías utilizan datos históricos y algoritmos de inteligencia artificial para pronosticar eventos futuros y sugerir posibles acciones. Este salto más allá de lo que está sucediendo o por qué está sucediendo, hacia lo que sucederá y cómo podemos lograr que suceda, cambiará las reglas del juego en la toma de decisiones basada en datos.

Empoderar a las personas para que se conviertan en ciudadanos científicos de datos

Con el avance de las herramientas de inteligencia artificial y el proceso intensificado de democratización de los datos, el futuro podría ver un aumento de "científicos de datos ciudadanos". Estas personas, aunque no sean científicos de datos de profesión, dominarán el uso de la tecnología para realizar diagnósticos sofisticados y análisis predictivos y prescriptivos que de otro modo estarían reservados para los científicos de datos profesionales.

Este profundo cambio revolucionará el panorama empresarial al ampliar los conocimientos en todos los aspectos de la organización, fomentando un entorno donde cada decisión puede basarse en datos.

Sin embargo, las organizaciones también deben tener en cuenta que para garantizar que la democratización de los datos tenga éxito, deben abordar los desafíos que plantea, sobre todo en torno a la privacidad y la protección de los datos. Al hacerlo, las empresas no sólo pueden hacer que los datos sean parte integral de sus operaciones, sino también cultivar una cultura de alfabetización en datos, equipando a todos en la organización con las herramientas para impulsar el negocio.

En conclusión, al mirar hacia el futuro de la democratización de los datos, es evidente que su evolución estará marcada por la llegada de la IA y el aprendizaje automático, la visualización avanzada de datos, una mayor seguridad de los datos y el surgimiento de los científicos de datos ciudadanos. Las organizaciones que liderarán esta nueva era serán aquellas que sean capaces de aprovechar el poder de la democratización de los datos para cumplir sus objetivos estratégicos. Al empoderar a cada individuo dentro de la empresa, la democratización de los datos puede desbloquear una innovación y eficiencia incomparables, impulsando el crecimiento y el éxito empresarial en los años venideros.

Capítulo 10.2: Inteligencia artificial y aprendizaje automático

En el mundo de la generación y gestión sólida de datos, la inteligencia artificial (IA) y el aprendizaje automático (ML) son productos poderosos. Estos avances tecnológicos ya han comenzado a dictar la aceleración de la democratización de los datos.

La inteligencia artificial y el aprendizaje automático pueden manejar grandes volúmenes de datos, detectar patrones, aprender de experiencias y hacer predicciones precisas. Pueden interpretar datos poderosamente y convertirlos en información útil, reduciendo así la necesidad de intervención manual y el tiempo de procesamiento. La evolución de la IA y el ML podría conducir a la aparición de herramientas de preparación de datos de autoservicio que puedan ayudar a las organizaciones a limpiar, enriquecer y consolidar datos rápidamente, incluso si carecen de conocimientos técnicos.

La IA democratiza aún más los datos al acelerar el proceso de obtención de conocimientos. Por ejemplo, los consumidores de datos trabajan con IA para obtener respuestas a preguntas comerciales complejas rápidamente sin la necesidad de científicos de datos. De esta manera, la inteligencia artificial mejora la eficacia de la democratización de los datos al hacerla fácil de usar y eficiente en el tiempo.

Un mundo que aborda los datos a través de la IA y el aprendizaje automático es un mundo en el que las personas de toda la organización pueden utilizar conocimientos basados en datos para influir en su proceso de toma de decisiones. A medida que estas tecnologías avanzan y se integran más en nuestros sistemas, la capacidad de democratización de los datos para cambiar el panorama empresarial continúa creciendo.

Sistemas de datos autónomos

A medida que el análisis predictivo se vuelve más sofisticado, podemos anticipar la aparición de sistemas de datos autónomos. Esta tecnología aprovecha la inteligencia artificial y el aprendizaje automático para producir información automáticamente. Pueden examinar fuentes de datos externas, sacar conclusiones, obtener conocimientos, hacer pronósticos e incluso recomendar acciones, todo ello sin intervención humana.

Los sistemas de datos autónomos son inherentemente adecuados para digerir cantidades masivas de datos, detectar patrones y realizar análisis. Sus impresionantes capacidades para aprender y adaptarse reforzarán la democratización de los datos al integrar a la perfección prácticas basadas en datos en las operaciones comerciales cotidianas.

Aprendizaje profundo y redes neuronales

Otro avance apasionante en la democratización de los datos que esperamos es la aplicación del aprendizaje profundo y las redes neuronales. Estas tecnologías sofisticadas pueden manejar formas de datos no estructurados, como imágenes, audio y texto, brindando información matizada sobre el comportamiento humano y los movimientos del mercado. Estos conocimientos suelen permanecer invisibles para los análisis tradicionales.

A medida que la tecnología siga madurando y ganando terreno, es probable que veamos un aumento en el uso del aprendizaje profundo y las redes neuronales para ofrecer conocimientos ricos y específicos del contexto, acelerando así el proceso de democratización de los datos.

Seguridad de datos e IA

Con el creciente énfasis en la recopilación y accesibilidad de datos, también surgen preocupaciones sobre la seguridad y la privacidad de los datos. Por lo tanto, el futuro de la democratización de los datos será testigo de avances revolucionarios en los protocolos de seguridad de los datos, para los cuales la IA es fundamental.

La inteligencia artificial puede desentrañar patrones sofisticados y detectar anomalías o infracciones que de otro modo serían difíciles de detectar. Una combinación de IA y ML puede ofrecer mantenimiento predictivo y sistemas de alerta en tiempo real, ayudando a los administradores de datos a detectar y abordar rápidamente cualquier posible amenaza. Este es solo el comienzo de cómo la IA puede revolucionar la protección de datos, desempeñando un papel fundamental en la protección de los datos y al mismo tiempo ampliando su accesibilidad, y en última instancia, empujando los límites de la democratización de los datos.

En conclusión, aprovechar el poder de la IA y el aprendizaje automático cambiará las reglas del juego en el ámbito de la democratización de los datos. Los avances y nuevos desarrollos en estas tecnologías harán que los datos sean más accesibles, procesables y significativos para una audiencia más amplia, transformando así el proceso de toma de decisiones en todas las organizaciones.

Derechos de autor y exenciones de responsabilidad de contenido:

Descargo de responsabilidad sobre contenido asistido por IA: El contenido de este libro se generó con la ayuda de modelos de lenguaje de inteligencia artificial (IA) como CHatGPT y Llama. Si bien se han realizado esfuerzos para garantizar la precisión y relevancia de la información provista, el autor y el editor no ofrecen garantías con respecto a la integridad, confiabilidad o idoneidad del contenido para un propósito específico. El contenido generado por IA puede contener errores, inexactitudes o información desactualizada, y los lectores deben tener cuidado y verificar de forma independiente cualquier información antes de confiar en ella. El autor y el editor no se hacen responsables de las consecuencias que surjan del uso o la confianza en el contenido generado por IA en este libro.

Descargo de responsabilidad general: Utilizamos herramientas de generación de contenido para crear este libro y obtenemos una gran cantidad de material de herramientas de generación de texto. Ponemos a disposición material y datos financieros a través de nuestros Servicios. Para ello, nos basamos en una variedad de fuentes para recopilar esta información. Creemos que se trata de fuentes confiables, creíbles y precisas. Sin embargo, puede haber ocasiones en las que la información sea incorrecta. NO HACEMOS RECLAMACIONES NI DECLARACIONES EN CUANTO A LA EXACTITUD, INTEGRIDAD O VERDAD DE NINGÚN MATERIAL CONTENIDO EN NUESTRO libro. TAMPOCO SEREMOS RESPONSABLES DE CUALQUIER ERROR, INEXACTITUD U OMISIÓN, Y RENUNCIAMOS ESPECÍFICAMENTE CUALQUIER GARANTÍA IMPLÍCITA O COMERCIABILIDAD O IDONEIDAD PARA CUALQUIER FIN EN

PARTICULAR Y EN NINGÚN CASO SEREMOS RESPONSABLES DE CUALQUIER PÉRDIDA DE BENEFICIOS O CUALQUIER OTRO DAÑO COMERCIAL O A LA PROPIEDAD, INCLUYENDO PERO NO LIMITADO A DAÑOS ESPECIALES, INCIDENTALES, CONSECUENCIALES U OTROS DAÑOS; O POR RETRASOS EN EL CONTENIDO O TRANSMISIÓN DE LOS DATOS DE NUESTRO libro, O QUE EL LIBRO SIEMPRE ESTARÁ DISPONIBLE.

Además de lo anterior, es importante tener en cuenta que los modelos de lenguaje como ChatGPT se basan en técnicas de aprendizaje profundo y se han entrenado en grandes cantidades de datos de texto para generar texto similar al humano. Estos datos de texto incluyen una variedad de fuentes, como libros, artículos, sitios web y mucho más. Este proceso de entrenamiento permite que el modelo aprenda patrones y relaciones dentro del texto y genere resultados que sean coherentes y contextualmente apropiados.

Los modelos de idioma como ChatGPT se pueden usar en una variedad de aplicaciones, que incluyen, entre otras, servicio al cliente, creación de contenido y traducción de idiomas. En el servicio de atención al cliente, por ejemplo, los modelos lingüísticos se pueden utilizar para responder a las consultas de los clientes de forma rápida y precisa, lo que libera a los agentes humanos para que se encarguen de tareas más complejas. En la creación de contenido, se pueden utilizar modelos de lenguaje para generar artículos, resúmenes y subtítulos, lo que ahorra tiempo y esfuerzo a los creadores de contenido. En la traducción de idiomas, los modelos de idiomas pueden ayudar a traducir texto de un idioma a otro con gran precisión, lo que ayuda a romper las barreras del idioma.

Sin embargo, es importante tener en cuenta que, si bien los modelos de lenguaje han logrado grandes avances en la generación de texto similar al humano, no son perfectos. Todavía existen limitaciones en la comprensión del contexto y el significado del texto por parte del modelo, y puede generar resultados incorrectos u ofensivos. Como tal, es importante utilizar los modelos de lenguaje con precaución y verificar siempre la precisión de los resultados generados por el modelo.

Descargo de responsabilidad financiera

Este libro está dedicado a ayudarlo a comprender el mundo de las inversiones en línea, eliminar cualquier temor que pueda tener sobre cómo comenzar y ayudarlo a elegir buenas inversiones. Nuestro objetivo es ayudarlo a tomar el control de su bienestar financiero al brindarle una sólida educación financiera y estrategias de inversión responsable. Sin embargo, la información contenida en este libro y en nuestros servicios es solo para fines educativos y de información general. No pretende sustituir el asesoramiento legal, comercial y/o financiero de un profesional con licencia. El negocio de la inversión en línea es un asunto complicado que requiere una diligencia debida financiera seria para cada inversión a fin de tener éxito. Le recomendamos enfáticamente que busque los servicios de profesionales calificados y competentes antes de realizar cualquier inversión que pueda afectar sus finanzas. Esta información se proporciona en este libro, incluida la forma en que se hizo, denominados colectivamente como los "Servicios".

Tenga cuidado con su dinero. Utilice únicamente estrategias con las que ambos comprendan los riesgos potenciales y se sientan cómodos con ellas. Es su responsabilidad invertir sabiamente y salvaguardar su información personal y financiera.

Creemos que tenemos una gran comunidad de inversores que buscan lograr y ayudarse mutuamente a lograr el éxito financiero a través de la inversión. En consecuencia, animamos a la gente a comentar en nuestro blog y posiblemente en el futuro en nuestro foro. Muchas personas contribuirán en este asunto, sin embargo, habrá ocasiones en las que las personas proporcionen información engañosa, engañosa o incorrecta, sin querer o de otra manera.

NUNCA debe confiar en la información u opiniones que lea en este libro, o cualquier libro al que podamos vincularnos. La información que lea aquí y en nuestros servicios debe usarse como punto de partida para su PROPIA INVESTIGACIÓN en varias empresas y estrategias de inversión para que pueda tomar una decisión informada sobre dónde y cómo invertir su dinero.

NO GARANTIZAMOS LA VERACIDAD, CONFIABILIDAD O INTEGRIDAD DE CUALQUIER INFORMACIÓN PROPORCIONADA EN LOS COMENTARIOS, FORO U OTRAS ÁREAS PÚBLICAS DEL libro O EN CUALQUIER HIPERVÍNCULO QUE APARECE EN NUESTRO libro.

Nuestros Servicios se brindan para ayudarlo a comprender cómo tomar buenas decisiones financieras personales y de inversión. Usted es el único responsable de las decisiones de inversión que tome. No seremos responsables de ningún error u omisión en el libro, incluidos artículos o publicaciones, de hipervínculos incrustados en mensajes o de cualquier resultado obtenido del uso de dicha información. Tampoco seremos responsables de ninguna pérdida o daño, incluidos los daños emergentes, si los hubiera, causados por la confianza del lector en cualquier información obtenida mediante el uso de nuestros Servicios. Por favor, no utilice nuestro libro si no acepta la responsabilidad propia de sus acciones.

La Comisión de Bolsa y Valores de EE. UU. (SEC) ha publicado información adicional sobre el ciberfraude para ayudarle a reconocerlo y combatirlo de manera efectiva. También puede obtener ayuda adicional sobre los esquemas de inversión en línea y cómo evitarlos en los siguientes libros: http://www.sec.gov, http://www.finra.org y http://www.nasaa.org. Cada una de estas son organizaciones creadas para ayudar a proteger a los inversores en línea.

Si elige ignorar nuestros consejos y no realizar una investigación independiente de las diversas industrias, empresas y acciones, tiene la intención de invertir y confiar únicamente en la información, los "consejos" y las opiniones que se encuentran en nuestro libro; acepta que ha hecho una decisión consciente y personal de su propia voluntad y no intentará hacernos responsables de los resultados de la misma bajo ninguna circunstancia. Los Servicios ofrecidos en este documento no tienen como objetivo actuar como su asesor de inversiones personal. No conocemos todos los datos relevantes sobre usted y/o sus necesidades individuales, y no declaramos ni afirmamos que ninguno de nuestros Servicios sea adecuado para sus necesidades. Debe buscar un asesor de inversiones registrado si busca asesoramiento personalizado.

Enlaces a otros sitios. También podrá vincular otros libros de vez en cuando a través de nuestro Sitio. No tenemos ningún control sobre el contenido o las acciones de los libros a los que enlazamos y no seremos responsables de nada que ocurra en relación con el uso de dichos libros. La inclusión de cualquier enlace, a menos que se indique expresamente lo contrario, no debe verse como un respaldo o recomendación de ese libro o las opiniones expresadas en él. Usted, y sólo usted, es responsable de realizar su propia diligencia debida en cualquier libro antes de hacer cualquier negocio con ellos.

Exenciones de responsabilidad y limitaciones: bajo ninguna circunstancia, incluida, entre otras, la negligencia, nosotros, nuestros socios, si los hubiere, o cualquiera de nuestras afiliadas, seremos responsables, directa o indirectamente, de cualquier pérdida o daño, que surja de, o en relación con, el uso de nuestros Servicios, incluidos, entre otros, daños directos, indirectos, consecuentes, inesperados, especiales, ejemplares u otros que puedan resultar, incluidos, entre otros, pérdidas económicas, lesiones, enfermedades o muerte o cualquier otro tipo de pérdida o daño, o reacciones inesperadas o adversas a las sugerencias contenidas en este documento o que de otro modo le hayan sido causadas o supuestamente le hayan sido causadas en relación con el uso de cualquier consejo, bien o servicio que reciba en el Sitio, independientemente de la fuente, o cualquier otro libro que haya visitado a través de enlaces de nuestro libro, incluso si se le advierte de la posibilidad de tales daños.

Es posible que la ley aplicable no permita la limitación o exclusión de responsabilidad o daños incidentales o consecuentes (incluidos, entre otros, la pérdida de datos), por lo que es posible que la limitación o exclusión anterior no se aplique a usted. Sin embargo, en ningún caso nuestra responsabilidad total hacia usted por todos los daños, pérdidas y causas de acción (ya sea por contrato, agravio o de otro tipo) excederá el monto que usted nos pagó, si corresponde, por el uso de nuestro Servicios, si los hubiere. Y al utilizar nuestro Sitio, usted acepta expresamente no intentar responsabilizarnos por las consecuencias que resulten de su uso de nuestros Servicios o de la información proporcionada en ellos, en cualquier momento o por cualquier motivo, independientemente de las circunstancias.

Descargo de responsabilidad de resultados específicos. Estamos dedicados a ayudarlo a tomar el control de su bienestar financiero a través de la educación y la inversión. Brindamos estrategias, opiniones, recursos y otros Servicios que están diseñados específicamente para reducir el ruido y la exageración para ayudarlo a tomar mejores decisiones de inversión y finanzas personales. Sin embargo, no hay forma de garantizar que ninguna estrategia o técnica sea 100% efectiva, ya que los resultados variarán según el individuo y el esfuerzo y compromiso que haga para lograr su objetivo. Y, lamentablemente, no te conocemos. Por lo tanto, al usar y/o comprar nuestros servicios, usted acepta expresamente que los resultados que recibe del uso de esos Servicios dependen únicamente de usted. Además, también acepta expresamente que todos los riesgos de uso y cualquier consecuencia de dicho uso correrán a cargo exclusivamente de usted. Y que no intentará responsabilizarnos en ningún momento ni por ningún motivo, independientemente de las circunstancias.

Según lo estipulado por la ley, no podemos ni ofrecemos ninguna garantía sobre su capacidad para lograr resultados particulares mediante el uso de cualquier Servicio adquirido a través de nuestro libro. Nada en esta página, nuestro libro o cualquiera de nuestros servicios es una promesa o garantía de resultados, incluido el hecho de que ganará una determinada cantidad de dinero o, cualquier dinero, también comprende que todas las inversiones conllevan algún riesgo y en realidad puede perder dinero mientras invierte. En consecuencia, todos los resultados indicados en nuestro libro, en forma de testimonios, estudios de casos o de otro modo, son ilustrativos de conceptos únicamente y no deben considerarse resultados promedio ni promesas de desempeño real o futuro.

Derechos de autor y otros descargos de responsabilidad:
Este libro, "Negociación intradía con Robinhood: opere como
un profesional", es un trabajo publicado de forma
independiente y no está afiliado, respaldado ni patrocinado por
Robinhood Markets, Inc. ni ninguna de sus subsidiarias o
afiliadas. El autor y el editor de este libro no tienen asociación
ni conexión con la aplicación Robinhood, y cualquier opinión,
punto de vista o estrategia expresada en este libro es exclusiva
del autor y no representa las opiniones o puntos de vista de
Robinhood Markets, Inc. o sus afiliadas. La información
proporcionada en este libro tiene fines educativos e
informativos únicamente y no debe considerarse como
asesoramiento financiero, de inversión o profesional. Se anima
a los lectores a consultar con un profesional financiero
autorizado antes de tomar cualquier decisión de inversión.
Descargo de responsabilidad general: la información,
estrategias y técnicas presentadas en este libro tienen fines
educativos e informativos únicamente. No constituyen
asesoramiento financiero, de inversión, fiscal o legal. El autor y
el editor no son responsables de ninguna pérdida financiera u
otros daños que puedan resultar de la aplicación de la
información contenida en este libro. Antes de tomar decisiones
de inversión o comerciales, los lectores deben consultar con un
profesional financiero autorizado.
Descargo de responsabilidad sobre riesgos: invertir y negociar
con acciones, opciones, ETF y otros instrumentos financieros
conlleva riesgos inherentes y puede no ser adecuado para todos
los inversores. El valor de las inversiones puede subir o bajar y
los inversores pueden perder su capital. El rendimiento pasado
no es indicativo de resultados futuros. El autor y editor de este
libro no garantizan ningún resultado o resultado específico del
uso de las estrategias y técnicas aquí analizadas.
Testimonios y ejemplos: todos los testimonios, estudios de
casos o ejemplos presentados en este libro se proporcionan
únicamente con fines ilustrativos y no garantizan que los

lectores obtengan resultados similares. El éxito individual en el comercio depende de varios factores, incluida la situación financiera personal, la tolerancia al riesgo y la capacidad de aplicar consistentemente las estrategias y técnicas discutidas.

Aviso de derechos de autor: Todos los derechos reservados. Ninguna parte de esta publicación puede reproducirse, distribuirse o transmitirse de ninguna forma ni por ningún medio, incluidas fotocopias, grabaciones u otros métodos electrónicos o mecánicos, sin el permiso previo por escrito del editor, excepto en el caso de citas breves incorporadas. en revisiones críticas y ciertos otros usos no comerciales permitidos por la ley de derechos de autor.

Marcas comerciales: todos los nombres de productos, logotipos y marcas mencionados en este libro son propiedad de sus respectivos dueños. El uso de estos nombres, logotipos y marcas no implica respaldo ni afiliación con sus respectivos propietarios.

www.ingramcontent.com/pod-product-compliance
Lightning Source LLC
LaVergne TN
LVHW052059060326
832903LV00061B/3621